クルーソーを超えた男たち

流木で帰還船を造った志布志船の漂流譚

名越　護

Nagoshi Mamoru

南方新社

はじめに

『ロビンソン・クルーソー漂流記』は、少年時代に誰もが読んだ海洋冒険小説です。スコットランドの航海者アレクサンダー・セルカークが太平洋の一孤島（ファン・フェルナンデス島）に漂流し、四年間の孤独な生活を送ったことをモチーフにして書いたのが、小説家ダニエル・デフォーの『ロビンソン・クルーソー漂流記』です。ヨーロッパで未知の世界を求めていた大航海時代のころです。

主人公のクルーソーは一六五九年九月三十日、カリブ海で激しい暴風雨に遭い、船が浅瀬に乗り上げました。仕方なく乗組員はボートに乗り移り、近くの無人島をめざしますが、岸辺でボートが転覆し、クルーソーだけが島に到着します。島でクルーソーは難破した船から火薬や鉄砲、羅針盤、望遠鏡などを取得、わずかばかりの土地を耕作し、子ヤギを鉄砲で撃ち、食料にして生活しました。十年経ったある日、彼は自力で丸木船を造り、脱出を試みますが失敗。二十数年後に追われてきた現地人を手下にして暮らしていました。そして二十八年二カ月後に英国の商船に救助された――というストーリーです。

一方、一六九七（元禄十）年一月、アホウドリだけが生息する火山無人島の伊豆鳥島に漂着した志布志の観音丸の小廻り船（五反帆）乗組員五人は、食料になるアホウドリには目もくれず、仏教の殺生を戒める「殺生戒《せっしょうかい》」を信じて、島に生育していたグミの実と磯の魚介類だけで飢えをしのぎ、寄せ木で伝馬船を修理・補強して本土に自力で帰還しています。同島は樹木もほとんど生えない、水もない、人間にとって「死の島」です。

それから九十三年後の一七九〇（寛政二）年一月、伊豆鳥島に漂着した同郷の住吉丸六人は、先に島に漂着していた土佐の長平や大坂船十一人とともに流木を集めます。フイゴを手造りし、古釘や流れついた碇の爪を精錬して船釘を作るなど工夫を施し三年、流木集めを含めると実質五年がかりで、長さ約一一メートル、幅約二メートルの「洋船（船）」を造り、十四人が青ケ島へ漂着して本土帰還を果たしています。

ロビンソン・クルーソーは架空の話です。二つの志布志船とは孤島滞在年数こそ、クルーソーの二十八年二カ月に比べ、土佐船の長平が十二年四カ月（うち独居生活一年四カ月）、大坂船は九年四カ月、住吉丸は七年五カ月とクルーソーより少ないのですが、日本船の面々は〝ないないづくし〟の過酷な島で流れ寄る寄せ木を集めて船を造り、島を脱出していま す。特に土佐の長平は三年間も〝火を持たない生活〟をし、うち一年四カ月は完全にただ一人で生き抜きました。

クルーソーは、飲み水には苦労していないようですが、伊豆鳥島の漂着者たちはアホウドリの卵の殻を多数並べて雨水を確保し、足りなくなると、雨水を貯めるため、皆で協力して土を掘って壁面を漆喰で固めて、ため池を造っています。こうした生き抜くための「工夫と意欲、根性」と皆の「協調力」がクルーソーとは大きく違います。飢餓になってもアホウドリには手をつけず仏教のいう「殺生戒」という日ごろの教えを忠実に守った観音丸の面々、日本人らしいではありませんか。そういう意味も含めて、私はこれら四グループの漂流記を読んで、拙い本のタイトルを『クルーソーを超えた男たち―流木で帰還船を造った志布志船の漂流譚―』としたゆえんです。ちなみに、伊豆鳥島在島での最長記録は、一七三九（元文四）年三月に漂着した江戸堀江町の宮本善八船に助けられた遠州（静岡県）の鹿丸三人の十九年三カ月です。なお、文中の年月日は旧暦、氏名の年齢は数え歳です。

クルーソーを超えた男たち—流木で帰還船を造った志布志船の漂流譚— 目次

クルーソーを超えた男たち――流木で帰還船を造った志布志船の漂流譚――

第一章　火を噴く無人島・伊豆鳥島《いずとりしま》

危機に瀕したアホウドリの楽園

一八八七（明治二十）年十一月五日のこと。伊豆諸島最南端の無人島・鳥島の北部およそ四キロ沖に「明治丸」が投錨しました。この島は周囲八・五キロほどの釣り鐘を伏せたような丸っこい岩だらけの絶海の孤島です。明治丸は英国で製造された灯台視察船で、明治九年に明治天皇が東北ご巡幸の際に〝お召し船〟になったこともありました。この灯台船には、八丈島の実業家・玉置半次郎（一八三八―一九一〇年）が派遣した伊豆鳥島への先発開拓民の第一陣十三人（女性一人を含む）も乗船していました。

小林郁著『鳥島漂着物語』によると、本船から三人乗りの端船《はしふね》（はしけ）と、細長い船体で先が尖った高速船である押送船《おしおくりふね》（葛飾北斎の浮世絵「富嶽三十六景 神奈川沖浪裏」に描かれている舟と同型）、カヌーの三隻が降ろされて伊豆諸島最南端の岩礁に囲まれた小さな島に上陸しました。一時、鳥島が有人島になった瞬間でした。厳しい崖だらけの孤島です。先発隊は北西の海岸から続く岩場をよじ登り、丘陵地帯に辿りつきました。

伊豆鳥島は世界的に有名なアホウドリの繁殖地で、数万羽も生息していました。このアホウドリは、陸上での動きが緩慢で、人間を恐れることを知りません。その習性が災いし、明治以降、寝具の羽毛用に乱獲され一儲けしようという人間の欲望の的になり、瞬く間に数十羽にまで激減し、絶滅の危機に晒されました。その絶滅の危機を招いたのは八丈島からの開拓民でした。最近ようやく、ある程度の数に回復していることが確認されたほどです。

『世界原色百科事典』によると、ミズナギドリ目アホウドリ科は海鳥の仲間で、地球上に二十二種類生息し、うち三種は北半球に生息しています。日本にアホウドリが渡ってくるのは伊豆鳥島や沖縄の尖閣諸島などごく一部の島で、このアホウドリは全長八四～一〇〇センチ、重さ四～五キロもある最大級の渡り鳥です。夏はベーリング海やアリューシャン列島などに生息し、九月ごろ伊豆鳥島や沖縄の尖閣諸島などに飛来し、年一回産卵します。六十

五、六日でヒナが生まれ、ヒナが成鳥した翌年の四月ごろまた北へ向かいます。
　全身の羽衣は白で尾羽の先端が黒く、くちばしは淡赤色です。アホウドリの漢字表記は「信天翁」と書き、その音読みで「しんてんおう」とも呼ばれます。薩摩藩の侍医・曽槃《そうはん》は「無人島談話」の中で「志良夫《しらふ》」とか「信夫縁《しんふら》」と書いています。多くの漂流民はこの鳥を「大鳥」と呼んでいたようです。この鳥を見た人は一様に「飛ぶ姿は大きく優雅で美しい」と書いています。通称の呼び名が「阿呆鳥」ですので、東邦大学長谷川教授ら研究者は、〝阿呆〟とは根拠がなく可哀そうだ、として「オキノダユウ（沖太夫）」とか「ムボウビ（無防備）ドリ」や「ヘイワ（平和）ドリ」などと、改名を主張する動きもあります。

絶滅の危機にさらされたアホウドリ（『世界原色百科事典』から）

　二〇〇六年に、小笠原群島の聟島《むこじま》に試験的に移された二十五羽のうち十二羽が同島に帰ってきた、といううれしいニュースも報道されました。幕末に伊豆鳥島に漂着したジョン万次郎がこの鳥を食べて生き残ったことでも有名です。
　アホウドリの鳴き声は低く、牛に似たような、獣に近い鳴き声を立てます。伊豆鳥島には、この鳥が江戸時代までは何万何千羽とぎっしり生息し、産卵・子育てをしていたのです。絶滅の危機を乗り越えたアホウドリは、現在は国際保護鳥、特別天然記念物とされています。

開拓民が入島

冒頭に返ります。玉置半次郎が送り込んだ第一次開拓民十三人が島に上陸したのは、一八八七（明治二十）年十一月五日午後七時すぎでした。開拓民は集めたチガヤなどの草を燃やした〝のろし〟で、沖に停泊中の明治丸へ無事上陸したことを伝えました。しばらくして、明治丸はボーッ、ボーと別れの汽笛を鳴らして南の新天地・小笠原諸島に向け、離れていきました。明治丸を見送った一行は粥を焚き、探してきたアホウドリの卵を煮て島での最初の食事を摂《と》りました。これからの生活に大きな希望と微かな不安を抱えて一夜を過ごしました。

玉置半次郎はどういう人物でしょうか。二〇一〇（平成二十二）年、伊豆鳥島に上陸し、江戸時代の漂流者たちの住居跡など調査した報告をまとめた探検家・高橋大輔著『漂流の

島』によると、

合本された公文書の中に履歴書があった。彼は江戸時代の終わり、八丈島に生まれた。十代のころから牧畜業に従事していた、というが詳しいことはよく分からない。転機が訪れたのは小笠原諸島に大工として渡った一八六二（文久二）年のこと。その帰路たまたま鳥島に立ち寄り、茅草の広がっている丘陵地が目についた。そこが天然牧場に向いていると思いついたらしい。

玉置半次郎（玉置半右衛門）

このことからすると、当初の表面的な目的は「牧畜」をする開拓民だったのです。しかし、その後、牛や羊が入島した記録はなく、玉置の本当のねらいは最初からアホウドリの捕獲で、鳥の羽を西欧に売り、一儲けしようとした可能性が高いといえます。

岩だらけで水源のない島で、彼らが水分をどう確保したかは不明ですが、多分、雨水を確保できるよう

「ため池」のようなものを数カ所に造り、それに雨水を貯めて飲用に利用したのでしょう。

開拓民やそれ以前の漂着者たちは、アホウドリをほとんどが「大鳥」と表現しています。『漂流の島』によると、当時米一俵の値段が四円だったのに比べ、アホウドリの羽は腹羽で百斤（六〇キロ）につき四十円、綿毛では同九十円もの値がしました。アホウドリ三百羽も獲《と》れば、米十俵分に相当します。アホウドリは陸上では動きが鈍く、「阿呆鳥」と呼ばれました。当時、地面を覆い尽くすほど群れていたので、こん棒を振り回せば三百羽などアッという間に捕まえることができます。この羽は、西欧では寝具用のほか帽子や飾り物の材料にも使われました。

玉置は「鳥の上質の羽を採って輸出すれば儲かるはず。この島は有望だ」とひらめいた、といいます。玉置は表向き「牧畜開墾」で榎本武揚逓信大臣の賛同を得て、アホウドリのコロニーと伊豆鳥島の港（千歳港）まで軽便鉄道を敷き、八丈島住民男女のべ百二十五人を開拓民として伊豆鳥島に渡しています。当時の日本は欧米諸国に対抗し「南進政策」を進めており、マスコミも玉置を「南洋事業の模範家」と英雄に祭り上げ、「わずか七年のうちに全国の長者番付に名を連ねるようになった」と『漂流の島』は書いています。

結果的にこの「開拓民が捕獲したアホウドリは毎年十数万羽にも及んだ」（小林郁著『鳥

島漂着物語』）といいます。南進政策とは、欧米諸国に対抗して南へと進出し、太平洋の島々や東南アジアとの交易拡大や移住を促進しようという日本の国策で、第二次世界大戦につながる日本の軍事行動を正当化した「大東亜共栄圏」構想の母体といってもいいでしょう。それまで人を寄せつけない不毛な島は一躍「宝の島」になったのです。しかし、貴重なアホウドリは人間の欲望の犠牲にされ、絶滅の危機にたたされていきます。

釣り鐘を伏せたような小島

ここで伊豆鳥島の位置を紹介しましょう。伊豆鳥島は東京都内から南へ約五八〇キロ、八丈島と小笠原諸島のほぼ中間にある伊豆諸島最南端の火山の無人島です。お椀を伏せたように、海中から突き立ったような溶岩だらけの島で、周囲八・五キロほどの人を寄せ付けない島です。カルデラが海中にある二重式火山で、北緯三〇度二九分、東経一四〇度一八分の洋上にあります。

「鳥島」と呼ばれる島は、日本の地図上に九カ所が確認されています。そのうち江戸時代に廻船の漂着地として有名な島が、ここで取り上げる伊豆諸島の最南端に位置する「伊豆鳥島」です。また沖縄県唯一の火山島で、久米島の約二八キロ北にある硫黄鳥島は、一九五九（昭和三十四）年の火山噴火で全住民二十一世帯八十五人が那覇市や久米島などに避難し、無人島になりました。このほかに小笠原諸島の上鳥島、下鳥島、南鳥島があり、小笠原諸島のはるか南にある沖ノ鳥島は、それが「島か、岩か」で中国などと排他的経済水域の有無で国際論争になっています。また佐賀県唐津市や長崎県五島市、宮崎県串間市、それに中国の青海湖にも「鳥島」があります。さらに北太平洋に実在すると信じられた幻の「中ノ鳥島」もあります。そこで本書では、これらと区別するために「伊豆鳥島」と表記します。

曽槃は島の姿を、

四周の岸は皆断壁にして、奇《き》畳《じょう》城のごとく、猱猿《じゅうえん》（サル？）といへどもいたりがたく、山勢巋然《きぜん》として危石落つが如く、崔嵬《さいかい》（石や岩のゴロゴロした土山）として復倚《またよ》る、実に目これをみるにあらざれば、その危きをしるべからず、足これを躍《ふ》むにあらざれば、その（危）険をしるべからず。（「無人島談話」）

と、島の厳しい自然環境を表現しています。

明治三十五年の大爆発以前は、四〇〇メートル級の山が三つ（朝日山・子持山・月夜山）がありました。江戸時代の人々は、伊豆方面における日本という国の南限は、ほぼ八丈島ないし属島の青ケ島と考えていた（春名徹著『世界を見てしまった男たち』）といいます。昔から〝鳥も通わぬ〟といわれた八丈島から南東へ、さらに約三〇〇キロも離れた伊豆諸島最南端の孤島が伊豆鳥島で、その後発見された小笠原諸島の婿《むこ》島からも約三七〇キロ北に位置しています。伊豆鳥島には水がなく、樹木もほぼ生えていない不毛の火山島です。江戸時代の資料で漢詩人・菅茶山は随筆『筆のすさび』に、伊豆鳥島のアホウドリを「はるか上空まで多数の白い鳥が舞い上がって、海に白い柱を立てたように見えるものがあり〝鳥柱《とりはしら》〟と呼ばれている」と書いています（『漂流の島』）。

『漂流の島』によると、一つの洞窟が発見されたとあります。この洞窟は天然の洞窟ではなく、明らかに人間の力で穿ったものと思われます。間口二間（約三・六メートル）、奥行き二間半（約四・五メートル）の大きさで、右側の壁の中央には窪みがあり、そこに神仏を祭ったと思われる痕跡がありました。私は多分、この住居跡は志布志の観音丸五人とのちに土佐の長平が住んでいた跡だと思います。この後も開拓民たちは、島のあちこちで漂着民たちの遺跡を発見し、その数は八カ所にものぼりました。いくつかの墓石らしいものもあり、被葬者の俗名や出身地が今なお読める墓標もありました。

　玉置が派遣した開拓民は、島の北部の千歳湾と名付けた船の入れる小さな入り江を居住地として「玉置村」と命名し、間もなく本格的なアホウドリの捕獲に精を出しました（『玉置半右衛門鳥島滞在日記』）。この地は当時、人が住めるだけの平坦な地もあったようです。大型の水鳥のアホウドリは人間を恐れず、近づいても逃げないので、開拓民は簡単に捕獲できました。撲殺されたアホウドリは羽をむしり採られ、残った体から絞った油はランプの明かりに利用されました。大鳥の羽は上質で当時は西欧で重宝されていました。玉置の狙いはズバリ。このため、瞬く間に開拓民は一時約三百人まで急増、私設の小学校や輸送用に軽便鉄道までも設けられる賑わいぶりでした。

　しかし、この開拓民らを「特別記念物のアホウドリを絶滅の危機に追いやった」という〝負の評価〟だけで見るのは酷でしょう。小林郁著『鳥島漂着物語』では、その序文の中で、未知の無人島を自分たちの力だけで開拓していこうという彼らの強い意志、ときには病気に苦しみながらも「互ニ励ミツ励セツツ生来未曾有ノ勇気ヲ鼓舞シ」原野を進む彼らの姿からは、前向きで生き生きとした明治人のフロンティア・スピリット（開拓精神）がひしひしと伝わってくるのだ――と、前向きにとらえています。

火山大爆発、入植者全滅

明治時代に火山の大爆発が起こり、開拓民百二十五人全員死亡しています。気象庁の記録『鳥島』によると、一九〇二（明治三十五）年八月に伊豆鳥島中央火口丘が突然、大爆発を起こしました。このため、長径約八〇〇メートル、短径約三〇〇メートルもある大火口丘（硫黄岳）が新たに出現。島の形状もかなり変わりました。島の最大標高約四〇〇メートルの巨大な火口水蒸気爆発だったようです。この鳥島の大爆発時に小笠原から横浜に向かい、近くを航行した日本郵船の兵庫丸の報告が、『鳥島』にあります。

（伊豆鳥島の）陸岸に近寄ること三里（約一二キロ）乃至《ないし》一里（約四キロ）の距離において絶えず汽笛を以《もっ》て住民を呼べども更に人影および家屋を見ず、只海底火山の噴出と山頂の黒煙を見るのみ、殊《こと》に鳥島千歳浦の如きは海岸土砂崩壊湾形全く変じ、その惨状言語に尽くし難く実に惨憺《さんたん》を極む。

曽槃が描いた「大鳥図」＝「無人島談話」より

と、その惨状を記しています。

さらに島の北西約一キロの海中及び島の北西岸でも爆発が起こり、火砕流や溶岩流が玉置村を飲み込み、当時島にいた島民百二十五人全員が溶岩流の下に埋もれて死亡しました（気象庁編『鳥島』）。緊急を知らせる無線がまだ普及していないころ、噴火の日時もおよそ八月九日ごろと推定するしかないのです。春名徹著『世界を見てしまった男たち』には「（伊豆鳥島の大爆発は）当時（乱獲した）アホウドリの祟りだと噂された」と書かれています。伊豆鳥島は無人島に逆戻りしてしまったのです。

気象庁の「震災予防調査報告第四三号」によると、

八月十日の大爆発で子持山の大部分を噴き飛ばして東西三百米、南北九百米の大噴火口を生じ、続いて数日後に漂流里（開拓民が名付けた名称）付近を吹っ飛ばし、東西百五十米、南北四百米の大きな噴火口を作って、鳥島の地形を一変させた。

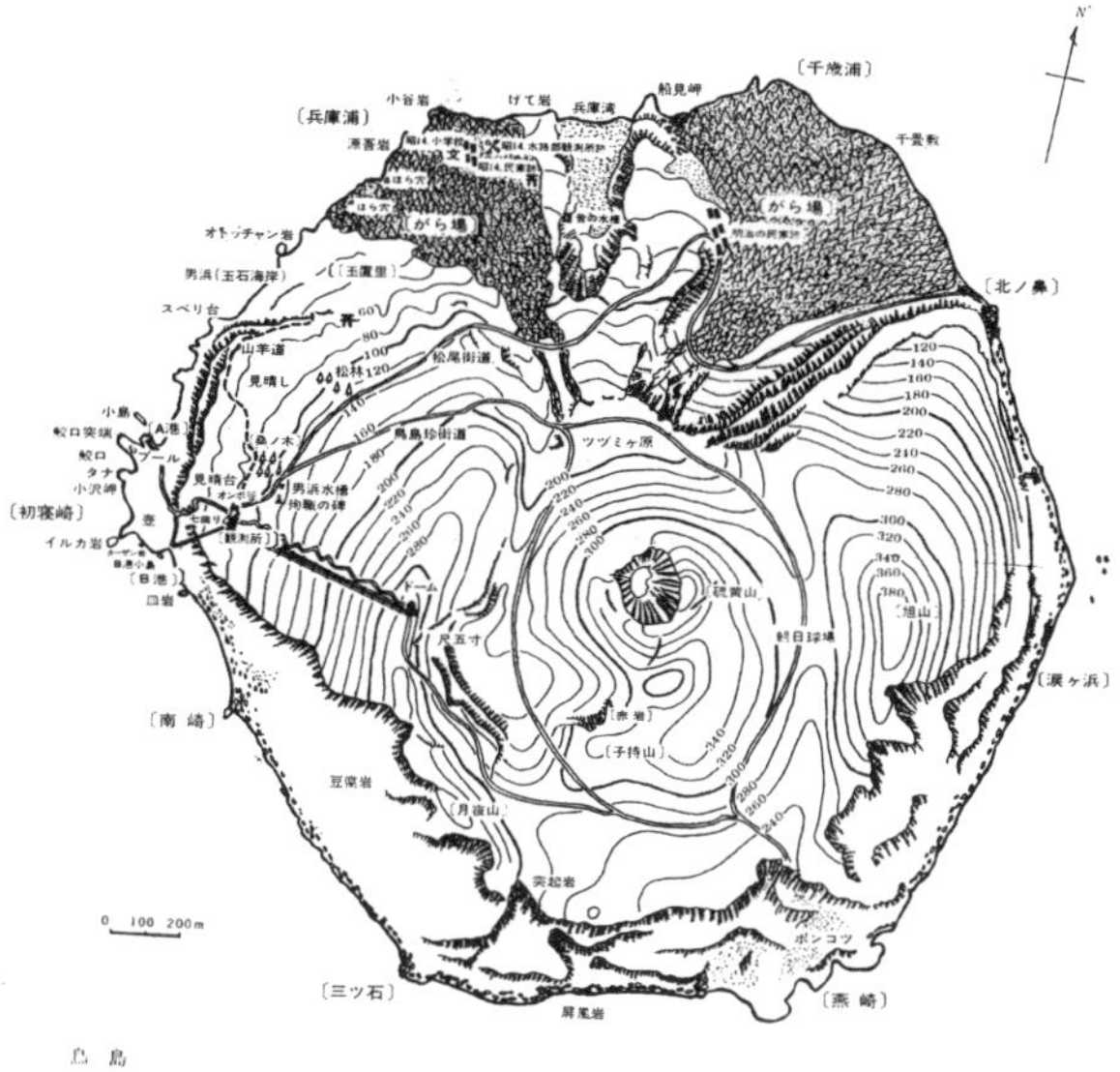

現在の鳥島地図。北部が大きく崩壊、がら場になっています＝気象庁編『鳥島』より

火山噴火の日時こそ違え、溶岩が開拓民集落を飲み込むようなすさまじい大噴火だったことが分かります。

島の姿もそれ以前とは変容し、玉置村辺りは溶岩で埋め尽くされました。その後、火山活動は沈静化し、八丈島から三十人ほどが移住し、牛を育てて生計をたてており、島には再び、先生一人、児童六人の小学校もできました。しばらく火山は沈静化していましたが、昭和に入って爆発が起こりました。

一九三九（昭和十四）年八月十

九日夜八時ごろ、牛ほどもある溶岩を噴き上げ、火柱は五百米から一千米もの高さに上り、天空で真っ赤な溶岩がぶつかり合いバラバラに分かれて落ちてくる。いまにもこの世の終わりかとまことに恐ろしい光景であった。

旧海軍水路部鳥島気象観測所長の占部牛太郎は、当時の噴火の模様を『鳥島』で「恐怖の思い出」と題して書いています。島民は、翌日「笠置丸」に救助されています。

その後は火山活動も落ち着いていたので、気象庁は一九四七（昭和二十二）年に島の南西部に気象観測所を設立、島の火山活動を監視しました。しかし、有感地震や火山性微動が頻発して、観測員の全員が引き揚げて観測所は一九六五（昭和四十）年閉鎖されました。その後、一九九八（平成十）年、二〇〇二（同十四）年にも水蒸気爆発を起こしました。

人を寄せ付けないような火山の無人島・伊豆鳥島には大きな樹林はなく、グミの木などの低木があるだけで、植物のほとんどはエビヅル類、ツワブキ、ヒルガオ、アシタバ、豆藤、それに「チガヤ」などだけです。チガヤは至るところに生えています。

薩摩藩の侍医・曽槃が書いた「無人島談話」によると、伊豆鳥島は、島一面にアホウドリの群れが生息し、元禄時代の志布志の漂着民以外、他の漂流民の貴重な食糧源にもなっていたとあります。この他、鳥ではメジロやウグイスも確認されています。蚊やハエなどの微小生物もおり、その後、アホウドリの卵を狙う野ネズミが生息していました。野ネズミは開拓民に紛れて増えたのでしょう。

付近の海にはクロダイや赤魚（アカメバル）、シイラ、サヨリ、シビ、トビウオなどの回遊魚も多く、「サメや大ウミガメもとった」と漂着した観音丸の乗組員の証言もあり、イソムラサキなどの海草や、アワビやヒラミ貝、シタミ貝、さらにアワビに似たトコブシなどの片貝類を含めて生息しており、これらを釣ったり、採ったりして食料にしたようです。

漂着船の島

さて、鎖国政策の江戸時代には、段々と経済の規模が国民経済的な様相を帯びてくるにつれ、船による年貢米や物産の国内輸送も頻繁になりました。廻船での輸送は、陸送より多くの荷物を一船で運べるので、地方港から太平洋の外洋を航行して江戸や大坂に通う船がうなぎ上りに増えました。しかも物資輸送は内海専用の和船（弁才船）だったのです。和船は豊かな航海経験を持つ沖船頭がいて、日和《ひより》（気象状況）や風向を絶えず探って岸沿いに船を操ってゆく訳です。いったん海が荒れだすと、自らの動力で動く最近の船に比べ、「風まかせ」の和船は、たちまち沖に流され突風で外舵も壊れ、危険いっぱいだったのです。それでも陸送よりも船による運送の方が大量にでき、断然経済的だったのです。

吉村昭著『漂流記の魅力』によると、

千俵の米を陸路送るには、五百頭の馬の背に二俵を振り分けにして進む。馬には、馬引きの男が五百人つき、一日の行程を終えて宿場につくと、馬の背から米俵をおろして保管料を支払って蔵にはこび入れる。（中略）さらに馬には飼料も与えなければならない。このように莫大な経費が陸送の難点でした。それに比べ、千石船だと、一千石の米を十人足らずの船乗りで、船一つで運べ経済的です。しかし、船はいつも難破の危険も多くあったのです。

と、当時の「船輸送の優位性」を述べています。

『鳥島漂流物語』によると、一六七五（延宝三）年、島谷市左衛門が伊豆鳥島を発見して以来、確認されているだけで、江戸時代に十五隻の漂流船が伊豆鳥島に漂着しています。どういう理由で和船が伊豆鳥島に漂着するのでしょう。

十一月から二月には、日本列島では強い北西の季節風が吹いています。この風が吹き始めると、寒冷前線の通過で急な大西風になることが多く、船乗りらはこの西風《にし》を「西風落とし」とか「鉄砲西」「沖南風落し《おきばえおとし》」などと呼んでいたということです。この大西風を受けて、正月用品や年貢米を運ぶ廻船の遭難や漂流が多く発生していました。

冬の嵐の前の雷は「雪起《おこ》し」「ブリ起《おこ》し」ともいいます。冬に吹く強い北西から吹く季節風は「タマカゼ」ともいい、五、六時間も吹く風です。民俗学者の柳田國男は、「タマ」は「霊魂」であり、〝悪霊の意味〟があるといっています。低気圧が西から通り過ぎると北東に流された廻船（弁財船）は、さらに辰巳《たつみ》（南東）の方角に流されます。この漂流船が出会う島は、概ね伊豆諸島の八丈島や伊豆鳥島、果ては小笠原諸島ということになります。しかし、それらの島々へ漂着するのは、広い太平洋であることを考えれば、漂流船にとって「点との出会い」の幸運なのです。江戸時代は、この「西風起こし」が吹いて漂流した船が伊豆諸島方面の島に漂着した例が多いようです。

その一つが伊豆鳥島です。漂流記が残るなど歴史に現れた伊豆鳥島への漂着船は、十七世紀の延宝年間から明治初年までの約二百年間で十五件に上ります。

もちろん、漂着したものの破船して、〝海の藻屑〟と消えた船は、その数倍はあったでしょう。無事、伊豆鳥島に漂着しても救助されることなく、ついに島の土になった人たちも多かったでしょう。しかし、幕末が近づくにつれ、太平洋を航行する外国船、特に米国の捕鯨船に救助されるケースがありました。中浜万次郎（ジョン万次郎）もその一人です。江戸時代には伊豆諸島南部は〝廻船の漂着銀座〟だったのです。

第二章　「殺生戒」を守った志布志の船乗りたち

観音さまのお告げ

志布志津（港）は、志布志北部を流れる前川の河口部から宝満橋付近までをいい、島津荘園時代の水門（湊）として古くから栄えました。中世から近世初期にかけては海外交易も盛んで、九州南部における「倭寇」の根拠地でもあった、といわれています。山畑敏寛氏の論文『志布志港の「みなと文化」』によると、志布志に「八幡そこ」という兵児謡《へこうた》が伝えられています。それは、地面か板の間に正座して、膝頭で拍子を取る荘厳な調子で歌います。当時の面影を留めているようで、「はちまんそこからおいとしや、わがみがままにさ、ならばさ、なおもおいとしありがたや」という歌詞です。「八幡」は海賊船八幡船のことといわれます。

江戸時代になると、日本の台所といわれた大坂などへの物資輸送や、琉球などとの海上交易が盛んでした。廻船業者も多く、ここで取り上げる山下・中山家など十一軒もあり、「志布志千軒まち」と称されるほど賑わう商業の盛んな町でした。前川河口には「津口番所」が置かれ、出入りする廻船を見張っていました。江戸幕府の力が弱まる幕末期は、薩摩藩の琉球や中国との密貿易基地としても知られ、幕末期の中山宗五郎屋敷は「密貿易屋敷」ともいわれ、表側は二階に見えますが、実は秘密の三階があり、地下道もあったといわれます。

一七〇四（宝永元）年、島津藩の津口番所は二十四カ所と記されていますが、志布志津口番所もその一つで、志布志湊に出入りする船を監視（船改め）する役所跡です。船改めを受けないと、他領、自領の船籍如何にかかわらず他領への出航はできないことになっていました。『志布志港の「みなと文化」』によると、志布志番所は一六四〇（寛永十七）年十月十一日、志布志在住の武士・酒匂新右衛門と越前坊に「川口改め」の役を申しつけられたのが、はじまりだといいます。

志布志の津口番所跡は、国道220号線の前川沿い、北側の一画に現存しています。高さ

現存する志布志市前川河口にある「津口番所跡」。あちこちに穴があり、行き来する廻船を監視していました

三メートル近くの石垣が積まれて、石垣の周りには番所から船の出入りが見通せるように上下幾つも穴が空けられているのが特徴です。

一六九七（元禄十）年正月に、伊豆鳥島に漂着した志布志の海商の一人・山下弥三左衛門の持ち船・観音丸の小廻り船遭難のことは、「日州船漂落紀事」（『江戸漂流記総集　第一巻』に収録）が記録の一つです。その著者は曽槃《そうはん》です。曽家は中国・福建省出身の代々医師をしていた帰化中国人で、父は三代将軍家光の治世下に来航して長崎に居住し、代々医師をしながら唐通事（中国語の通訳）をしていました。曽槃は一七五八（宝暦八）年の江戸の生まれです。

三十五歳の時に薩摩藩主・島津重豪の知遇を得たことで藩侍医に招聘《しょうへい》され、重豪腹心の学術秘書の任についています。薩摩博物学の集大成の書といわれる『成形図説』の編集に誠心従事することにもなりました。

小型廻船の船主・山下弥三左衛門は、当時、志布志でときめく廻船業者の一人でした。彼を弥三右衛門と表記する本（春名徹著『世界を見てしまった男たち』など）があります。唯一の漂流記「日州船漂落紀事」には「弥三右衛門」と「弥三左衛門」が混在しています。彼が大慈寺の門徒で信心深く、同寺に一六八二（天和二）年六月に仁王像を寄進した記録があり、その大慈寺仁王像（阿形像《あぎょう》）の背面には「山下弥三左衛門尉盛明」と記されています。『志布志町誌』や、後に設置された志布志市教育委員会の案内板にも「弥三左衛門」と記されており、私はこれに準拠して「弥三左衛門」にしました。

彼が寄進した現存する大慈寺の仁王像（左側阿形像）は、廃仏毀釈時に土中に埋められ隠されていましたが、一八七九（明治十二）年に掘り起こされたものです。右側の吽形《うんぎょう》の仁王像（これも寄贈者は「弥三左衛門」になっています）は、廃仏毀釈で廃寺になった旧海徳寺にあったのを移設したものです。このように弥三左衛門は、自分の船が無事航海できるように、いつも大慈寺のご本尊である観音さまなどに祈っていた信心深い人だったようです。

奈良・東大寺は一五六七（永禄十）年に戦火で破壊され、江戸時代の元禄期に改修されました。その改修で材木の運搬という重要な役目を果たしたのも志布志の海商でした。『志布

仁王像の裏に掘られた山下弥三左衛門の刻銘

山下弥三左衛門が大慈寺に寄進した阿形の仁王像

志町誌』によると、その人が山下弥三左衛門で、「東大寺仏殿虹梁《こうりょう》運搬記」として紹介されています。虹梁とは虹のように三日月形に曲がった梁《うつばり》（屋根を支えるための横木）として使う材木のことです。一七〇二（元禄十五）年に、霧島山白鳥神社境内にある赤松の巨木が東大寺の虹梁として適材であると分かり、二十三里（九二キロ）の山道を、のべ十万人の人と四千頭の牛を動員して切り出しました。この巨木を大坂まで曳航するのは大変困難です。そこで翌一七〇三（元禄十六）年七月、志布志の〝山下弥五郎〟が、信仰する観音菩薩仏のお告げがあったとしてこれを引き受けました。

山下家は代々「弥三衛門」か「弥三左衛

門」を名乗っており、通称を「弥五郎」と称した、と『志布志町誌』にあります。

『志布志町誌』によると、弥三左衛門は船を沈めて、長さ十三間（二三・四メートル）、重さ約二トンの巨木の梁木をその上に引き寄せ、五百石船二隻で浮力を与えながら浮揚させるという珍しい方法で巨木の船積みを行い、南風の順風を待って山川を出帆、わずか六日半で兵庫（神戸）に運搬するという快挙をあげました。これで当時の志布志の人々は、山下弥五郎のことを「信仰による奇跡」とほめ称えたそうです。『志布志町誌』には、弥三左衛門の娘の夢に観音さまが現れたので巨木の運送を引き受けた、と書かれています。弥三左衛門の持ち船は観音丸（十五反帆）だったのです。遭難し、伊豆鳥島に漂着して無事帰国できた観音丸の小廻り船（五反帆）事件から六年後のことでした。この虹梁運搬のときの観音丸船頭の名前「少左衛門」が、伊豆鳥島漂流者の名前にもあり、同一人物とみられます。虹梁を運搬した二十四人の中に伊豆鳥島漂流の帰還者が他にも交じっていたかも知れません。

観音丸は、虹梁運搬の七年前、一六九六（元禄九）年水無月（旧暦六月二十一日）に官米（量は不明）を積み、志布志浦を政治都市・江戸へ向けて運送しました。往路は海も比較的に穏やかで恙《つつが》なく運送できました。しかし、帰りの和歌山県すさみ町の「すさみ浦」に停泊中、強風が吹き船に破損個所が生じ、修理する必要が生じました。観音丸の乗船者は次の通り。

船頭　少左衛門　志布志浦　三十八歳
水主　清右衛門　同　五十一歳
同　佐次右衛門　同　四十歳
同　乙十郎　同　二十四歳
同　五郎左衛門　波見浦　年齢不明

沖船頭の少左衛門（当時三十八歳）ら乗組員五人は「これまでの航海中は何もなかったのに」と戸惑いながら、大坂の船大工を急きょ呼び、応急措置をしてすさみ浦を発ち、同年十月七日に無事、志布志に帰港できました。

観音丸はさらに十月十日に志布志を出港し、さらに十月二十六日に恙《つつが》なく鹿児島城下に藩の荷物を届けました。そうして観音丸を本格修理に出し、その間、沖船頭の少左衛門らは「故郷で正月は家族とともに過ごそう」と、弥三左衛門の持ち船で係留中の五反帆の小廻り船で志布志へ向かうことにしました。

内之浦沖で「西風落とし」に遭う

いったん山川港で風待ちして、十一月四日に順風を得たので志布志に向けて開帆しました。この船に乗っていたのは沖船頭の少左衛門のほか、ベテランの船乗りで清右衛門（当時五十一歳）、佐次右衛門（同四十歳）、乙十郎（同二十四歳）の志布志出身者、それに船主が雇った肝付町波見出身の五郎左衛門（年齢不詳）の五人でした。

佐多岬を回り、舵を北に向ければ、あと一息で家族が待つ志布志です。久しぶりに家へ帰れると、誰もが心浮き出したころ。内之浦一里（四キロ）沖に差し掛かった時、急に風向きが変わりました。亥《い》の刻（午後十時前後）には「ピカッ」と東から西に雷光がひらめいたと思ったら、急に激しい西風が襲ってきました。船乗りたちは「遭難」の二字が頭をよぎり、不安でいっぱいでした。

この気象現象が俗にいう「西風《にし》落とし（西から吹く突風）」とか「沖南風《おきばえ》落とし」「鉄炮西」と呼ばれる冬の寒冷前線の通過直前に起こる強い南西風の季節風です。江戸時代の冬の遭難記録をみると、ほとんどがこの「西風落とし」が原因です（倉嶋厚著「気象学からみた漂流記」＝『日本庶民生活史料集成　五巻』に収録）。記録上、伊豆鳥島に漂着した船は、この「西風落とし」に遭遇しています。倉嶋さんは気象コラムニストとしても知られる元鹿児島気象台長でした。さらにその気象状況を倉嶋さんは、

冬の荒海に雷光がキラめき、雷鳴がとどろく。船乗りたちはこれを「火を打つ」と表現し、時化《しけ》の前兆として恐れた。「一つ雷、一つ光」。水平線上の雷光をそのように呼んだ。寒冷前線の通過直前に南西風が突然吹き、通過後は北西の季節風がドッと吹き出す。冬の海難は、たいていこの西風の突風によって起こる。

と、「気象学からみた漂流記」で詳しく書いていますが、志布志の観音丸の小廻り船の乗組員もこれと同様に証言しています。冬の荒海に雷光がキラめき、雷鳴がとどろき、そして強い西風で船はたちまち陸から引き離されて、志布志の東方七、八里（二八〜三二キロ）沖付近まで吹き流されたようです。

熟練の船乗りたちは皆、船酔いを起こし、立っていられないほどの波浪でした。そのなかで乗組員たちは懸命に力を合わせて帆をたたみ、船首から数本の長い綱を投げ入れて、船尾

を先にして追い波に対して船首を向ける、いわゆる「後ずさり」の航法を取りました。この航法を「〝たらし〟を引かす」といって江戸時代の漂流船がよく採った遭難時の航法です。それでも船は山のような大波に揺らされて浸水も甚だしいので五人はアカ（浸水した潮水）をくみ出しました。船の横揺れも激しくなってきました。船の転覆を恐れた少左衛門は「帆柱」の切断を命じました。帆柱切りは左右両側から二人が斧を振って切り落とすもので、これで船は幾分、安定を保ちました。しかし、帆柱まで切り落とすと、もう「坊主船」同然。後は波と風まかせです。乗組員たちは、ひたすら観世音菩薩さま、あるいは伊勢神宮さま、または船乗りに信仰が厚い金毘羅権現さまの神仏に、嵐のやむことを祈りました。

二、三日たったころでしょうか。西風の突風もやみ、しばらくすると、風は戌《いぬ》（北西）の方から吹きだし南東に流されていました。さらに十一月七日の朝、巳《み》の刻（午前十時ごろ）に北風に変わり、波も比較的静かになってきたので、船の帆桁を切り倒した残りの柱に棒をくくりつけて布帆を張って走りました。当然、取り付け方式の外舵は最初に壊れて流されていました。たぶん西風が吹いて東に流されたので、西の方角が故郷・志布志の方角と思ったことでしょう。九日の朝まで北風が吹き、さらに大雨になってきました。波は相変わらず高く、強い雨風が吹いていましたが、「飲み水を確保するチャンス」と手分けして木桶や土瓶の類を寄せ集めて雨水を蓄えました。

翌十日風弥はけしく、僉《みな》けふをかぎりのいのちとおもひを定《さだめ》て、髪を薙《なぎ》（落とし）佩刀靶《つか》をつらねて、潮神《はなすみ》に奉《たてまつり》、仏の御称《みな》を唱ては、塩の底の藻くすとなる計《はかり》、我みの嘆に堪す流ける、波涛の勢ます〳〵劇《はげし》く、遂に欄板《かきいた》（船の両サイドにある垣立てのことか）までも煙の如にうせにけり、（「日州船漂落紀事」）

十日明け方ごろからまた西風に変わり強風が襲来して「今日限りの命」とばかり全員が髻《もとどり》を切り、潮神に祈りを捧げ、観世音さま、あるいは金毘羅さまと、仏の御称《みな》（名前）を唱えて海の藻屑となるばかりの我が身を嘆き、絶えず涙を流すのでした。

波動の勢いはますます激しく、ついに船べりも一部吹き飛び、雨水を貯めていた木桶も跡形もなく波濤に消え失せてしまいました。

船は北からの風で今度は南の方角へと、大海をさまよう落ち葉のように、どんどん流されていきました。十七日申の刻（午後四時ごろ）にはようやく風もおさまり、船べりの修理もできました。その後は雨が激しく降り、東風が吹いたと思ったら昼には北風に変わって、もう一カ月以上も千変万化の天候が続き、船の食料も少なくなりました。水だけは時折雨がふり何とか持ちました。食料も段々底をみせましたが、船員は全員がほぼ健康です。さすが海の男たちです。

ようやく十一月二十八日の暁になると、風もおさまり、艪《ろ》（船を漕ぎ進める道具）をこげるほどになりました。依然どの方角を見ても島影は見えません。不安になったそのときに奇跡が起こりました。船尾の海面に「ウカメ（大亀？）」が首を出してついてきました。しかも付かず離れず泳いでいるのです。その様子を曽槃は次のように記しています。

艪を立漕行くほどに、いつしか蠵亀《うみかめ》ひとつ、魚をあつめ、舳《へさき》のした（下）へ首を出し、船を離すありける、大きさ凡《おおよそ》三、四尋周《ひろまわり》もあらむとみへたり、こゝに少左衛門不思議に思けむ、蠵亀に対しいふやうは、いつれの方へふねをむけなは、島山によるへしや、教へ給へと申しけるに、蠵亀東のかたに、かうへ（首）を向、みたひ（三度）出没しけり、扨《さて》はひかし（東）に島やありけむ、あらありかたき神の御影《おかげ》とふし拝み、蠵亀をみたひ拝けれは、蠵亀も魚も、程なく行方しれ（知れ）すなりにけり、（「日州船漂落紀事」）

「これは吉報だ。島が近いぞ」。沖船頭の少左衛門は自分に言い聞かせるように力強い声を上げました。この大ウミガメの周りは大よそ三、四尋《ひろ》（成人男性が両手を広げた長さ・約一・八メートルを一尋という、三、四尋は五・四メートルから七・二メートル）もあろうか、と思われる巨大カメです。こんな大きなカメはいそうにないので、「魚を集め、舳の下に首を出し――」という表現があり、その大きさから多分、それは「ジンベエザメ」のことだったのでしょうか。それとも少左衛門らが大げさに証言したか、本当にそういう巨大なカメが実在したのかもしれません。そういえば、第三章で述べる土佐の長平も「島周辺にはカメが多く生息しており、甲羅を敷き詰めたようだ」と、証言しています。数匹の大カメが集団でいたのでしょうか。

ジンベエザメは、熱帯から温帯の海面近くに棲《す》むおとなしい、世界の海で最大の魚類です。ジンベエザメは鹿児島では古来「クジラブカ」、関東地方では「ブカエビス」と呼ばれており、「縁起のいい魚」の一つ。鹿児島市の水族館「いおワールド」でも飼育されて人気を集めています。船員たちが神や仏の恵んでくれた「吉報」と喜んだのも頷《うなず》けます。なお、ジンベエザメの体の模様が、着物の「甚平」に似ているところから「ジンベエザメ」と命名されたのです。ただし、ジンベエザメには甲羅はありません。だとしたら本当にそんなオオガメだったのでしょうか。実体はわかりません。

少左衛門は、船をどの方角に向ければいいだろうかと考えながら、巨大ガメを覗くと東の方へ泳ぎ出しました。「きっと東に島があるのだろう」と少左衛門は船舵を東に向けました。船乗りたちは、巨大ガメが自分たちの行く方向を示す仏の導きだと信じたのです。

十二月二十七日夜半になって島影が濃く見えてきました。山川港を出帆して実に五十四日目にして小島の近くに辿りつきました。島の近くで辛うじて碇を下ろし、船乗りたちは夜明けを待ちました。しかし、黒々とした島から何ものかの低く悲しげで不気味な声の合唱が響くのです。ここはどのような土地だろうか。五人はようやく陸地を見つけた喜びよりも、得体の知れない不気味な声に、ただ恐ろしいと思う気持ちが先だっていました。

大鳥の棲む島

ようやく夜が白んできました。眼前にそそり立つ島の中腹辺りだけが白く、雪が降ったように見えました。よく目を凝らすと、山肌の上と海岸部の岩礁部は黒々としており、山肌の中央部だけが白く、雪にしては奇異に感じられました。辺りが次第に明るくなると、雪に見えたのは何万何千羽の「大鳥」の群れでした。これが特別天然記念物のアホウドリの群棲《ぐんせい》です。

昨夜、自分たちを恐怖に陥れた「奇妙な声」の主は大鳥たちで、雪と見間違えたのはその羽の色だったのです。これが薩摩人のアホウドリとの最初の遭遇でした。

船乗りたちは心を落ち着かせて島を眺めました。島は、海中からそそり立っています。数日も島の周りを見回り、停泊できるところはないか、探してみましたが、全体が断崖に覆われ、巨石がゴロゴロするばかりで人を寄せ付けません。沖船頭の少左衛門は米を一人一人に十粒ばかりと「歯固め」と称してサツマイモ二切れずつを手渡し、元禄十年の正月を船上で祝いました。島には目につくほどの木は一本もなく、人の住む気配もありません。これが漂流から五十四日目に見た伊豆鳥島でした。

船員たちは島発見後一週間、船がつける場所はないか、と島の周りを注意深く観察して回りました。どこから見ても釣り鐘を伏せたような地形。崖が海から垂直に立つ地形で停泊には不向きでした。ただ、島の北部に小さな湾が見られる場所がありました。しかし、火山岩

曽槃が描いた鳥島北面図＝「無人島談話」より

ばかりで川もありそうにありません。

　明けて一月六日に小さな湾になった島の北部に碇を下ろしました。当面必要と思われる品々を積み込み、全員が伝馬船に乗り移り上陸しました。そして伝馬船を波の来ない岩場に揚げました。伝馬船を陸に揚げ終わって間もなく、ドンという激しい音がしました。音のした沖を振り向くと、なんとそれは、停泊していた母船が激しい波に岩に叩きつけられ、砕け散る音でした。「脚船（伝馬船）だけは陸に揚げられてよかった」と胸を撫でおろしました。この伝馬船はその後雨水を貯めるための貯水槽にもしました。さらに伝馬船に積んでいた母船の両サイドに設置してあった「垣立《かきたて》」を、海岸から岸壁を登るハシゴの代用にして重宝しました。

　やっとの思いで全員がよじ登ると、そこは平らな台地になっており、草が生い茂っていました。その一角に、天然の穴があり、母船の部品と茅草で五人が休める粗末な住居にしました。のちに土佐の長平が住んだのも、この洞窟でした。

食料は上陸時には米一合あまり、サツマイモが少々でした。出航するときは、粳米《うるち》（普通の米）二斗（三〇キロ）、私米《あかごめ》（赤米）五升（七・五キロ）、小豆四升（六キロ）、紫糖（黒糖か）七斤（四・二キロ）、銀七十銭を積んでいましたが、もう底をついていました。

グミの実で飢え凌ぐ

島は溶岩ばかりで樹木はほとんどなく、食料調達は困難そうです。五人は手分けして付近を探索すると、幸い島は低木のグミの木が多く、この時期よく熟れていました。このグミをちぎり、夕餉《ゆうげ》にしました。

付近には鋭い溶岩のカケラが散乱しており、素足で歩くのは危険いっぱい。そこでハシケに積んできた蕉被（芭蕉の皮をさらした薩摩特産品で、割《さ》いて麻のように用いる）で足を包む即席の草履を作りました。帆布で袋をこしらえてこれを首からかけて数日の間、このグミを採って均等に分け合って食べました。一日の大部分は、このグミの実採りに費やされています。毎日グミばかり、一人当たり茶碗一杯分ほどの量です。朝になると小屋を出て思い思いの方向に散ってグミを収穫し、午後になると小屋に戻って来る。一同が揃ったところでグミを配分する毎日。

ノドが乾いたら朝露に濡れたススキの芽をむしり、そのわずかな水分をなめてノドの渇きをいやしていました。そのうち全山に生い茂っていたグミも取りつくしてしまいました。

大鳥は島のどこにでもウヨウヨ生息しています。人間を恐れないアホウドリ。アホウドリは、体長八四センチから一メートルもあり、翼を広げた幅が九〇センチから二・四メートルもある世界でも最大級の渡り鳥です。多くの漂流者たちは、この大鳥のお陰で生き延びていました。でも、志布志の観音丸の人たちは仏教の「殺生戒」を信じて、決して大鳥を食すことはしませんでした。その理由について曽槃《そうはん》は、

大鳥をころし、くろふはいと易《やす》けれとも、是までかの鳥の落餌《らくえ》をむさほり、餓をしのきけれは、仮令《たとえ》餓死するとも、此《この》鳥をくふ（食う）ことなしと、僉《みな》一同に盟《ちかい》て、一隻（一羽）も殺さす、時に岩間をみるに、石蟹《いしかに》多くありける、乃亦《すなわちまた》食につき、あるいは番《いそ》杏《むらさき》・片貝（ヒラミ貝）類をえたり（中略）、かくえならぬものをくらひにや、五人共に蚘《かい》（回）虫《ちゅう》を動し腹痛を患《うれい》ける、（同書）

観音丸の船主や船員たちは日ごろから仏への信仰心が強く、アホウドリの落餌だけに甘んじ、鳥は決して口にしませんでした。十七世紀末の鹿児島の漂流民たちは「仏の教え」を守り、飢餓の際にも仏教の「殺生戒の教え」に生きていたのです。水もない無人島に漂着しても、島に同居する鳥との類い稀な共生能力には感動すら覚えてしまいます。

鳥の卵を失敬して割って食べようとしましたが、いずれも腐っていて食べられません。そのうち、ヒナが育って親鳥が海から魚を取ってきて与えるようになると、ヒナが食べ残したあまり物があるのに気付きます。漂着薩摩人たちは、それを拾って食べました。

親鳥は餌袋に魚を飲んで帰って来ます。ヒナに餌を吐き出して与える光景を見て、海から帰って来たアホウドリの頭を棒で軽く打って吐き出させることを覚えました。「その餌のお陰で飢えを凌《しの》いできた恩を決して忘れてはならない」と、心に誓う海の男たちでした。しかし、鳥のおこぼれを頂戴はしましたが、決して殺して食べようとはしませんでした。伊豆鳥島に漂着した者でアホウドリを食しなかったのは、この志布志の人たちだけです。鳥と共生して暮らしていた彼らは、鳥から多くの知恵を与えられていきます。

鳥は普通の魚の他に、長さ三尺（九〇センチ）もする「イカの髭《ひげ》」（ダイオウイカの足？）

といわれるものや、長さ一尺（〇・三メートル）、幅二、三尺（約一メートル）もある「鯨《くじら》の肉」など運んできたことがあり、五人はこれを塩水で煮て食べました。幸い彼らは、火打石は数個持って上陸したので煮炊きには困らなかったようです。しかし、この島は全島溶岩ばかりで川や泉は発見できませんでした。岩場のくぼ地に水が溜まっているのを見つけると、五人は交互にこれを飲み、ノドの渇きをしのぎました。

アホウドリの運んできた鯨肉を食べた五人は、鯨の脂身の白い肉のお陰で、不思議と「それまで悩んでいた回虫による腹痛もなくなった」と告白しています。大鳥の残餌を頂戴した食事で虫が体内に入り、それに対して鯨の脂身が回虫を駆除する力があったのか、医学的に分かりません。

　虫痛頓《にわかに》に快をえたり、其後また患ことなし、是天の生民を憐《あわれみ》、無何有《むかう》（何もない）の郷に、かかる良薬あるこそ更に奇なり、（「日州船漂落紀事」）

と、乗組員たちはこのように語っています。何とも神仙めいた話ですが、春名徹著『世界を見てしまった男たち』は「彼らが大鳥を食べないと決意したことが、食料の欠乏を生み、それが帰国への決断を促したとするなら、鳥と人間とは互いに相手を救ったということもできよう」と、「殺生戒」を守った志布志の海の男たちを高く評価しています。

これでは食料は足りません。そこで壊れた船から取った船釘を叩きのばして釣針を作り、筵《むしろ》から抜いた糸を釣り糸とし、サヨリなどを釣りました。また貝類を拾い、波あたりのよい岩上に生育するイギスに似たイソムラサキという海草も掻《か》き取りました。あるときは、太い鉤《はり》と鎖《くさり》を使ってサメを釣ったこともありました。イシガニもよく食べました。無人島での飢餓に耐え、アホウドリには決して手を付けなかった志布志の五人。飢餓を超えた人たちの禁欲生活に感動を覚えてなりません。

船を修理し帰還めざす

この禁欲生活が、やがて伝馬船を修理して本土への帰還にかける意欲につながっていきます。

ありし夕くれに、僉環坐《みなまるくざ》してかたらひけるに、此（この）しまの糧も尽はつる程にみへたりけり、今こゝに餓死せむよりは、脚船（はしけ）の完《まつたき》こそいまた魂《たま》の緒《を》のつなの絶はてぬ例《ためし》なりとて、みな命を潮神《はたずみ》にさゝけて漕いたすへしと、共にこと葉をそろへて申けれ、さりなから、いつるもつらし、おるもうし、其鬱悶《うつもん》ことにはいてねと、僉顔《みな》にあらはれたり、しかあれと、いつれかきりのいのちなれは、やむことなし、神仏にいのりをかけ、またふる里の大慈寺観音菩薩に誓願して、本船の材をあつめ、同年二月十五日より脚船修補のことをはしむ。（同書）

と、同年二月十五日、伝馬船の補修に踏み切った事情をこう説明しています。伊豆鳥島上陸から三十九日目の二月十五日のことでした。大工道具は鉈《なた》、斧、ノコギリを持って上陸していました。ノミは鉄釘を磨いて柄を設け、金づちは斧で代用しました。これらを利用して少左衛門らは破船した船の外板を外洋に耐えられるように、伝馬船の船尾に継ぎ足しました。高い波に耐えるように補強したのです。

しかし作業には取り掛かったものの、体力の衰えた五人はノコギリを二引き、三引きするのがやっと。体力がかなり落ちていて息が切れたのです。それでも少ない水分をとっては、また引くという気が遠くなるような作業でした。水漏れ防止に、マイハダ（槙《まき》の木の皮をほぐして用いる）を使って、船板とつぎ足した板の間に埋め込みました。また、マイハダを刻んでキセルに詰めてタバコ代わりにも使いました。そして伝馬船の舳先を高く補修すること七尺（約二・一メートル）です。これで大きな波動にも耐えられそうです。

二月十八日、端船（伝馬船）は完成しました。上陸した日から三十四日が経っていました。それは長さ五間（約九メートル）、幅三尺七寸（一・一メートル）のささやかな改造伝馬船です。

その後、五人は食料探しについやし、おおよそ六、七日分の釣り上げた魚の火ぼかしや干物ができたところで、道具一式を積み込み、ひたすら順風（南風）を待っていました。伊豆鳥島漂着から七十九日目の二月二十五日朝、伝馬船を台地から海に落とし、ひたすら北を目指して漕ぎました。すると、巳の刻（午前九時ごろ）に、

時に大鳥はむれつつきたり、潮に浮ひ、或は翔舞して、船のまわりを離れ得すともなひけり、こは心ことなる鳥たにも、永き別れを惜けるにやとて、皆袖を絞、掌《て》を合せ、尚行末を守給へと申て、船漕いたすむね（胸）のうちは、煩満心《もんまんしん》（苦しみもだえる心）に堪す、鳥は弥洋行船をしたひ、あまた飛立て、船共に五、六日程来けるか、日々散乱

し、後はたゞ四隻（羽）となりぬ、（同書）

アホウドリが、五、六日も別れを惜しむように船の周りを飛び回ったようです。少左衛門らは、この島がどこの島で日本はどの方向にあり、何日ほどで辿りつくのか——は、はっきり分からなかったようです。ただ、船乗りのカンで、日本は北の方角にあることだけは分かっていたようです。

五人は信仰する観音菩薩のお導きを信じて無人島生活七十九日目に、船の艪を漕ぎ出しました。大鳥の数羽が船の周りを付かず離れず飛び回っているのを見て、少左衛門らは「われらとの別れを惜しんでいるようだ」と喜んでいましたが、一般的にアホウドリは船について海上を飛ぶ習性があるといいます。ひもじくても大鳥は食さず、その余り餌だけ頂戴し、その結果、飢餓が帰国を決断させたことは事実です。このことは、人と鳥とはお互いに相手を窮地から救ったことに、なりはしないでしょうか。

幸いこの季節にしては波も穏やかです。伝馬船は帆を北へ向け、また艪を漕ぎながら、南風に乗り順調に北をめざします。出帆から三日目に無人島らしき小島（須美寿島？）を見つけ、七日目には明らかに人が住んでいる様子の別の島（八丈島？）に近づきます。しかし風が強くなりいずれも島には近づけません。「浪はつねにうちいり、みな七重鉢を手に手にもち（持ち）て（船に浸水する海水を）汲みす」という努力を重ねました。そのころから食料も底をつき、風も北西に流されています。五人は船に打ち込むアカ（海水）をくみ出すのに懸命でした。激しい波浪で二十九日には火打ち石もなくなり、

天我か輩は寿《じゅ》を賜はりしとや、けふをかきりのいのちなるらんとて、少左衛門荷包（小袋）のうちより、粳米《うるち》一握程とりいたし、今やこの世のかきりなれは、此米を寿の酒と思ひ食べよとて、四人のものへ遺し（渡し）ける、（同書）

波が荒れてきたので、少左衛門は「もうこの世の終わりかも知れないので、せめてもの寿の酒と思ってくれ」と、全員に米粒を手渡しました。船はむなしく風波に翻弄され続けました。耕作地があるような島影が見えてきました。だが、風が強く、波も荒いので島に寄せることができません。それから三日たって（つまり出帆から十日後）三月五日の雨がふりしきる夜、

あやめもわかぬ（物の区別もはっきりしない）暗なれは、いとと物うく、身はありやなしやと、波の上に餓死を待居けるうちに、駭浪《かいろう》（大波？）俄《にわか》に来、沙磧《しゃせき》（砂）の上に打あけけり、足もて踏みるに、浜辺のやうなれは、扨《さて》こそ陸につきける（中略）、島にやあらむ、大地にやあらむ、唐の浦か、日本の御崎かと、不思議に思ひ、かつ悦ひ、（同書）

大井川尻に漂着

真っ暗な闇のなか餓死もやむなしと思ったその時、大波が来て船はドスンと突然、陸（大井川口）に乗り上げました。五人はしばらく辺りを見回し、「これは大地じゃないか、それとも唐の国？　日本なのか？」と、一同は気力を振り絞って抱き合って喜びました。暗闇中に辺りをさぐると、日本造りの船（伝馬船？）が一隻ありました。それで自分たちは日本の浜辺に辿りついたと確信し、五人とも天を拝み喜びの涙にくれました。

四方をみるに、燈光幽《かすか》にみへけれは、撓手《すいしゅ》（船乗りの雅語的表現）二人、其火を的と

して参りけるに、塩やく人の家になむありけり、（同書）

辺りを見渡すと、民家の明かりが見えました。さっそく水主二人が光のする家をめざして走りました。そして家の主人に、

「こは何てふ所なり」

と、尋ねると、家の主はおっかなびっくり、おびえた表情で答えました。

「ここは遠江の国川尻ですが—」

そう、ここは遠州大井川尻（現在の静岡県吉田町川尻）だったのです。

漂人は髪をかうふり、髭《ひげ》たれ、風貌骨相《ふうろうこっそう》世の人にことなれは、あやしく思ひけむ、おそれたる様ありて、物影によしなし、直に本船へかへりて少左衛門に申けれは、少左衛門小幟《こさし》と券文《てかた》（藩発行の幟と船手形）を携持《たづさえもち》て参り、（同書）

ぼろをまとい髪をふり乱し、ヒゲもぼさぼさに乱れ、夜間に浅黒い異様な姿の人間が突然現れたので、主人が恐怖を抱いたのも当然でしょう。それならと船頭の少左衛門が、薩摩藩

の船人である幟《のぼり》と船手形を差し出したのです。

これで安心したこの家の夫婦は、その後一行を親切に振る舞い、漂人がまとっていた艦褸《ぼろ》の着物を主人の衣類に着替えさせました。翌朝には一緒に船を引き揚げてくれ、五人はしばらく、その家の厄介になりました。

そして庄屋も塩屋の主人同様に心美しく親切に対応し、庄屋が言うには、大井川の補修のため野田三郎左衛門という奉行が明日島田に来ます、とのこと。翌朝、五人が疲れた様子なので、馬までも用意してくれました。五人は馬に乗り、島田宿にいる野田三郎左衛門の前に進み、恭しく薩摩藩の幟と船手形を差し出しました。そこで、漂流して帰還した顛末《てんまつ》を聞かれ、野田三郎左衛門は江戸へ早馬で報告しました。疑いが晴れて江戸から薩摩藩士が引き取りにやって来ました。

五人は、庄屋や塩焚きの夫婦にお礼を述べていよいよ帰国です。四月六日に大坂の難波を開帆し、十六日に京泊（薩摩川内市）に着きました。そして向田から伊集院まで行ってそこで泊まり、鹿児島に入り、四月二十二日に暇をとって故郷の志布志に帰りつきました。志布志では船主の山下弥三左衛門以下親族兄弟が並んで、「よくぞ皆そろって元気に生還した」と大いに喜び合いました。特に弥三左衛門の喜びは一様でなく、五人の者、みな身命恙《つつが》なくかへりくるこそ、神仏の助けなれ、もとより我祖父より親なと、必すなほにして、神壇仏閣《しんたんぶつかく》（神社やお寺）を建、人を憐みし事おほし、また蠵亀なと捕ける漁人なと目に触れは、価《あたい》を遣し放《はなち》けることありけるゆへは、漂人の物語、奇瑞（吉兆）ことあり、我とても、親の教《をしえ》に隋、神仏に誓、人を憐《あわれむ》ことを基《もと》とす、（同書）

「皆が帰還できたのは神仏のお陰です。船乗りたちを島に導いた、亀を捕らえた漁師がいたらこれを買い取って海に放す」と語り、自分が雇った波見浦（肝付町波見）の五郎左衛門には、代金三百銭を渡し、佩刀や被服を与え、翌日には故郷へ帰しました。船主の弥三左衛門の喜びようは尋常ではなく、全員一緒に大慈寺に向かい、信仰している大慈寺のご本尊である観音菩薩に無事を報告、感謝もしたと伝えられています。

第三章　アホウドリで命をつないだ土佐の長平

大西風で漂流

高知県土佐湾の東側に香南市赤岡町があります。この一帯は江戸時代には塩や竹細工、酒造、綿織物などの多くの産業で栄えたそうです。そこに松屋儀七という廻船商がいました。一七八五（天明五）年一月三十日、彼は藩米百石を、さらに東の田野や隣の奈半利《なはり》まで運ぶことを土佐藩から頼まれました。船の大きさは何反帆か不明です。船主の儀七ら五人が乗り組んでおり、多分、小型の内航船だったでしょう。土佐船の伊豆鳥島漂流記は「土州人長平漂流日記」として、石井研堂コレクション『江戸漂流記総集　第一巻』に収録されています。

この船の水夫《かこ》に二十四歳の長平が乗っていました。彼は赤岡浦に隣接する岸本浦（香南市）の人です。船主で船頭の儀七は事務手続きもあり、船を下り、帰りは長平ら四人が乗って空船で帰帆することになりました。乗組員は次の通り。

親父　源右衛門　（鳥島上陸後死亡）
水主《かこ》　長六　（　同　）
炊《かしき》　甚兵衛　（　同　）
水主　長平　（鳥島に上陸滞在し、十二年四カ月ぶりに青ケ島へ帰還）

ところが、暮れ六つ（午後六時ごろ）、安芸市八流《やながれ》の沖を帆走中、突然、雷鳴がとどろき、土佐で「あなじ」と呼ばれる大西風が吹きだしました。

船は故郷とは反対方向へと押し流され、室戸岬からはさらに強い北西風が吹き続き、南東の方向に流されてしまいました。波浪は数メートルにも達し、船は木の葉のように激しく揺れ、まず外舵が割れて流されました。江戸時代の廻船は遭難した場合、風上に向かって船首

江戸時代の漂流船の想像図＝「阿州船無人島漂流記」より

をたてる「あとずさり航法」をとるのが通常ですが、土佐のこの船は、果敢に風浪と闘っています。

さらに船尾にあった飲料水の水槽も流失し、打ち寄せる大波は船内にも浸水し、全員でアカ（潮）くみ出しに懸命。船が転覆しそうになったので、四人はやむなく船を安定させるため、帆柱を切り落とし、自らの髻《もとどり》（髪の毛を集めて頭の上で束ねたところ）をさっぱりと落とし、神仏に祈るだけでした。三日目は北風が強く、船アカ（浸水する海水）を汲み出すことに追われました。船はもう「坊主船」同然。それに肝心な火種を失い、飯を炊くこともできません。漂流から七日目は朝から凪いできました。さらに八日目は昼ごろから晴れて西風になりました。食べ物は米がまだ七、八升残っていましたが、火も水もなく、生米を噛んで飢えをしのぎました。

島影発見

船は北風に乗って南下し、十二日目の二月十一日四ツ（午前十時ごろ）四人はついに島影を発見しました。しかし、強い南風で目の前の島から遠くなるばかり。そこで、残された帆布を利用した仮帆を立て、船を島に近づけることにしました。「どうか、あの島へ着船をさせて下さい」。一心に神仏に祈りましたが、なかなか近寄れず、その日は暮れました。島はどんぶり鉢を伏せたように、スットンと海に突き出た丸い岩だらけ。人を寄せ付けない、猛々しい不気味な島でした。翌日の朝から南風の雨天になり、数日間「水切れ」で水がほしい面々は、口を天に向けて雨水をむさぼり飲み、桶へ水を取りだめました。そうして島の西南部を上陸地点に決めました。

その日の八ツ（午後二時ごろ）、幸いに船を島の西南部に寄せることができました。島へ上陸しようと岸を見回しましたが、その付近は断崖が切り立ち、上がれそうにありません。突然、船の碇《いかり》が切れて、たちまち船は島の西方向に流されていきます。長平たちは伝馬船を降ろして乗り移り、断崖に沿って西に進みました。断崖が途絶えたところに岩の突き出た磯がありました。船底が荒々しく岩に接することもかまわず、伝馬船を近づけ上陸しました。もうノドはカラカラです。その時、雨が降ってきました。長平ら四人は磯にひれ伏し、手を合わせて神の加護に感謝しました。しかし、本船は折からの南風で岩礁に激突し破れ、岸に着けられた伝馬船も間もなく押し流され、岩に打ち付けられ木片に変わってしまいました。長平らは本土に帰還する手段を失いました。それにもまして、船に残してきた米や火打ち石などの道具類を失ったことは痛手でした。しかし、四人はやっと島に上陸できて命だけは助かりました。

長平らがあえぎながら岩肌を這い上がると、ゆるい傾斜地にたどりつきました。その付近は丈の高い萱《かや》が密集し、萱をかき分け進みますが、萱は絶えません。しかたなく引き返し、磯の貝を拾い、崖のくぼみで一夜を明かすことにします。

五ツ（午後八時ごろ）に一羽の鳥が穴に飛び込んできました。ですが、皆疲れ果てて寝てしまいました。朝、目が覚めても、鳥はまだ居座っています。

これは御神様より、この鳥を喰《くら》ふて助かれと、我々へ御助けの御しらせと存じ（「土佐人長平漂流日記」）

住居に迷い込んだ鳥を捕獲し皆で食べましたが、「さして味わいもなし」と長平は語っています。アホウドリではありませんでしたが、鳥の種類は分かりません。

十七日朝、長平らはすることもなく空を眺めていると、鶏ほどの大鳥（アホウドリ）が滑空しています。上の岩影のあたりにも大鳥の姿が見えます。その場に行くと、そこは平地になっており、大鳥が無数にひしめき合うように生息しており、子育て中でした。大鳥に近寄っても、分け入っても、逃げる様子はありません。その数は何万羽でしょうか。人間を知らないのでしょう。

「これを食料にしよう」と長平は、この大鳥を四、五羽石で打ち殺したり、ヒナの首をひねったりして持ち帰りました。大鳥は羽を広げた長さが八尺（二・四二メートル）、鶏の数倍もありそうです。この大鳥の羽をむしり取り、足の関節を外しましたが、この大鳥をさばく包丁がありません。そこで船釘を打ちのべて小刀を作り、これでさばき、海水でもみ洗いしました。でも骨と肉を切り裂くことができません。火がないので、焼き、また煮て食べることもできません。仕方なく、生で頬張り食べました。

大鳥の味は、鶏の味に近いものです。一羽分で一人の一日の食料に十分な肉量でした。大鳥はお尻をチョコチョコふりふりし、崖の近くまで歩き、羽をバタつかせながら走り出し、順風をとらえて大地を蹴って飛翔する鳥です。人を恐れないので、捕らえることは簡単です。これで当面の食料は十分確保できる見通しがつきました。

至極味わひ能《よ》く、それより朝夕の喰ひ物といたし候所に、少しも障《さわ》りなく、身に相応いたし、身にし合せもみのり、達者に相暮すなり（同書）

大島の味を長平は「至極味わいよい」と証言していますが、しかし曽槃は「無人島談話」の中で志布志の住吉丸を含め三船グループの話として、

その肉を塩水に煮てくらひ、まれにその卵もとりえてくらふ、その肉の味ひ、粗悪にして、脂《あぶら》多く、その気またくさし、卵のあぢはひは、鶩《あひる》に似てくさし、ともにはじめてくらふにたえず、久しくしてその臭きをわすれ、猶鮑魚《なおほうぎょ》の市に入るものゝ如し、（「無人島談話」）

と大鳥とその卵はともに「臭い」と書いています。三年後に漂着した大坂船の漂着民も、「ただ難点はこの大鳥の群棲地《ぐんせい》に行くと、糞などの強い異臭がして不気味な鳴き声に悩んだ」と述べています。長平らは移動するとき、ひしめく大鳥をかき分けかき分け、足場を確保しなければならず、歩くのに手間がかかりました。ただ大鳥の卵は鶏の卵の数倍（長径約一一・八センチ・短径約七・四センチ）もある大きさで、長平らはこの殻で貴重な雨水を貯めていました。居住した洞窟の周辺はこの卵の殻が何百個も並びました。

若い長平と長六は島のあちこちを探索して歩きました。長平らが泊まった岩穴のすぐ近くに古びた鍋らしい鉄器や炭化した木片や煤《すす》けた魚の骨のようなものもあります。「多分、俺たちと同じ漂流者がいてここで生活した跡だろう」と長平が語りました。

また、源右衛門は癪《しゃく》（腹痛・胃けいれんなどのために起こる胸部・腹部が痛む病）持ちで、甚兵衛の話だと、源右衛門は「食欲がなく、鳥の肉も食べようとしない」と言います。長平は「磯や大鳥の群棲地にも近い、新しく発見した洞窟に引っ越そう」と提案し、源右衛門を背負って崖を上がって北の台地を目指しました。源右衛門は「恐ろしいほどの大鳥の群れだ」と感激しました。四人はその洞窟を新しい住居とし、萱を敷きその上に体を休めて眠りました。春名徹氏は「おそらく、そこはかつて日向人（観音丸の小回り船の乗組員五人）

たちが小屋をたてて仮住まいした場所にあたる」と『世界を見てしまった男たち』で書いています。

ところが、三月ごろになると、大鳥の数が見るたびに減っていきました。アホウドリは渡り鳥で、四月ごろからベーリング海などへ渡り、夏場はそこで生息して島には一羽もいなくなる渡り鳥だったのです。「そうだ、大鳥がいるうちに干物を作って、鳥のいない間の食料にして過ごそう」と長平が提案しました。

一人前に鳥八十羽ばかりづゝ、四人分の干物にいたし置き候なり、時に、鳥は四月末、五月始め頃まで、親子とも何国《いづく》へ立行き、その中は一疋（羽）も居ぬなり、（「土州人長平漂流日記」）

一人八十羽ずつ、合計三百二十羽分の大鳥を天日干しして、干し肉を作ることに精出しました。また大鳥の卵も貴重な栄養源で、毎日一人二個ずつ食しました。毎日、大鳥だけでは食事に変化がありません。長平は磯に出て海草やトコブシなどの貝、赤い甲羅の蟹などを獲り、洞窟へ持ち帰りました。古釘を石で叩きのべて釣り針とし、磯辺に流れ着いた麻布をほぐして糸を引き出し釣り糸とし、貝の身を餌にして魚を釣ることにも挑戦しました。すると、シマガレイや小さなサメ、カサゴに似た赤い魚などが釣れました。長平がこの島で驚いたのは、カメが多く生息していたことです。島の海岸は何万ものカメの甲羅で埋め尽くされていたのです。長平は「浦島太郎のようにカメに乗って故郷に帰れぬものか」とため息をつきました。

船長を任された源右衛門とカシキ（炊事役）の甚兵衛は、長平らが作った大鳥の干し肉を食べるだけで、いつも岩穴で過ごして動こうとしません。それが災いしたのか、源右衛門は癪《しゃく》が悪化して、大鳥が帰ってきたころの同年九月七日、昏睡状態になり、間もなく死亡しました。長平ら三人は源右衛門の亡骸を他の洞窟に運び、貝や海草を供え、念仏を唱えてねんごろに弔いました。

長平はその後も、磯辺を精力的に歩くなど探査を欠かしません。動き回ったせいで、体力もつき、元気いっぱいです。しかし、干し肉も確保でき安心した他の二人は、所在なさそうにぶらぶらと暮らすうちに、体力も落ちてきました。やはり運動と生き抜く気力が命の源です。一七八六（天明六）年八月二十九日にコンビだった長六が死に、九月には甚兵衛まで亡くなって、伊豆鳥島には長平だけが残されました。誰もいない島で自分だけ生き残った事実

に、長平の悲しみはいかばかりだったことでしょう。「土州人長平漂流日記」には、

かなしひ、つらき身のうさを、たれに語らぬと思ふ心の只《ただ》ひとり、尋ね歩行《ある》き、岸磯辺にて、何を尋ぬるあてとてもなし、只案じほふけにありて、あわれ身の一心、念仏ともだちと申し暮居りけるなり、

と、その悲しみ、寂しさを、いつも念仏を唱えてこらえていたとあります。住吉丸の漂着者からの聞き取りをまとめた播磨（兵庫県高砂市）生まれの商人で学者の山片蟠桃《やまがたばんとう》（一七四八〜一八二一）は著書『夢ノ代』の中で、長平の心境を次のように紹介しています。

孤島に独居して命をつなぐといへども、唯《ただ》あけくれ古郷《こきょう》のみ慕ふ。水に投《とう》ぜんとすること幾たびなれども、思ひ直して貝をひろひ鳥をとりて食す。世には天狗《てんぐ》なるものあるよし。我をつかんで日本の地につれ行《いけ》よかし。怪物《ばけもの》がながれかしと思へども、何一つあやしきことなし。

この長平の「聞き書き」から、長平が孤独の末に何度も入水して自分の命を絶とうとしたことがわかります。また、怪物でも何でもいいから近くにいて、自分のことをののしったり、あざ笑いされてもいい。とにかく誰かいてほしい、と考えたことが推測されます。

それ以来、長平は誰もいない絶海の孤島で自分だけ生きながらえるのは「神仏」の力である、と信じて日時を過ごし、いつもブツブツと念仏を唱えて島中を徘徊するのでした。孤島で生き抜くには、何かにすがる必要があったのでしょう。長平は「神仏」にすがり念仏を唱えることで、孤独に耐えられたのでしょう。彼は月の満ち欠けを見て石を並べて、月日を数えており、証言はかなり正しいようです。

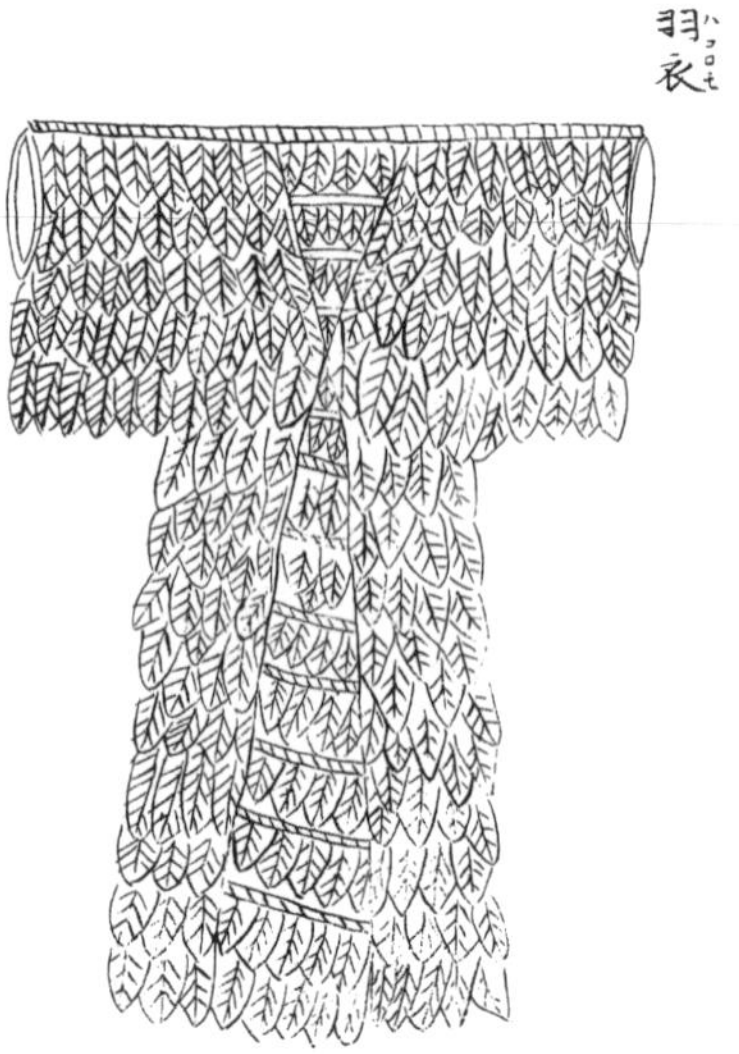

長平の蓑のような「羽衣」。アホウドリの羽を紡いで手作りしたらしい＝「無人島談話」より

アホウドリの生態も注意深く観察しました。アホウドリは巣作りを終えると、オスとメスが互いに翼を広げ、尾を跳ね上げて伸び上がり、急にしゃがみこむ。そして前へ進み、

漂流者が作ったアホウドリの羽と茅で作った笠＝「無人島談話」より

後へ退き、声を上げながら体を回す。さらに接近すると、口ばしを交差させ、驚くほどの速さで互いにすり合わせました――。「奇妙な動きをするものだ」と長平は一心に見入っていました。これはアホウドリの愛戯運動で、長平が奇妙に思ったのも当然です。

南洋の島とはいえ、冬にはみぞれも降るなど、かなり寒くなります。長平は鳥の羽を撚《よ》り合わせて、数日かけて大きな羽衣（蓑《みの》）を手作りしました。大鳥の羽を防寒具にすることは、長平の知恵でした。日ごろは襤褸《ぼろ》に身を包んでいましたが、この蓑をまとうと温かく過ごすことができました。もし他人が見たら、ざんばら髪で長い鳥の羽をまとった赤ら顔の長平は、天狗か鬼かと見えたでしょう。

大坂船十一人と遭遇

漂着から間もなく三年、孤島での一人暮らしで二度目の正月を迎えて、自分が二十七歳になっていたことに気づいた長平でした。そうして長平が孤独から解放される運命の一七八八（天明八）年二月四日です。長平が磯を歩いていたとき、ふと顔を上げて驚きました。人の姿が目に入ったのです。長平が人に会うのは実に一年四カ月ぶりです。この島には人は自分独りだと思った長平は、「人だ、人だ」と飛び上がり、泣きながら念仏を唱え、息せききって切り立った崖の上で叫ぶ数人の男たちのもとへ駆け上りました。

この人たちは、伊豆鳥島に漂着したばかりの大坂北堀江・備前屋亀次郎の持ち船八百五十石積みの船頭・儀三郎ら乗組員十一人でした。

水戸の藩米を積む目的で、一七八七（天明七）年十一月二十七日に江戸を出帆し、浦賀番所で〝改め〟を受けて、十二月八日、順風を得て三崎を出港し房州の鼻（千葉県野島岬）を順調に回りました。ところが、逆風の北西の強風で九十九里浜沖に流されました。そのうち雪も降り始めて大しけになりました。船は激浪にもまれて、さらに北風が吹き、南へ南へと押し流されました。

難破船のセオリー通り、九日には帆柱を切り倒し、乗組員はみな自らの髻《もとどり》を切り落としてひたすら神仏に祈りました。船内には、白米が五俵積まれていましたが、漂流中に半分に減っていました。食べないと餓死します。それでも、食べる米の量を減らすため、空き俵のワラをほぐし、一分（約三ミリ）ほどの長さに切り刻んで、それに米を少量入れて炊き、それで飢えをしのぎました。

漂流し始めてから一カ月近くたった一七八八（天明八）年一月二十九日、島を発見、仮帆を立てて島に近づきましたが、絶壁がそそり立っているので船は岸に近づけません。二〇〇メートルほど沖に碇を下ろしましたが、海が深く底に着かないので、船頭の儀三郎らは百尋（一八〇メートル）もある綱を結び合わせて、碇はようやく海の底に到達しました。しかし、強烈な〝山おろし〟の吹き回しに耐えられず綱は切れてしまいました。仕方なく伝馬船を降ろして手早く櫓四丁、鍋釜、火打ち石、衣類などを積み込み、十一人全員が上陸しました。十一人は次の通り。

船頭　儀三郎　三十四歳
代船頭　忠八　三十七歳（鳥島で死亡）
舵取り　久七　四十三歳
水主　市之丞　三十四歳
水主　長兵衛　二十五歳

水主　吉蔵　二十五歳
水主　清蔵　二十五歳
水主　松兵衛　三十歳
水主　三之助　十九歳
水主　五兵衛　四十七歳（鳥島で死亡）
炊　由蔵　十五歳

本船の方を振り向くと、もう影も形も見えなくなっていました。彼らは海岸近くの洞窟を寝床に、数日、貝や海草を食べて過ごしました。

彼らが島を探索しているときに長平の住む洞窟を発見し、そこに古袴や釣り竿、草履などが置かれていて「この島には人が住んでいる」ことを知りました。そして数日後、南側山頂付近にさしかかり、下を見たとき、釣りをしている長平に気づいたのです。

大坂人たちは、漂流から漂着までの事情を話しました。長平も「自分は土佐の水夫で、四人で漂流しこの島に漂着したが、三人が相次いで死亡し、アホウドリを捕獲し、また魚釣りをして、火種がないので生肉を食べて独りで飢えをしのいできた」という自分の経緯も語りました。

先々運の強き仕合せの能き人なる哉と、我々事も、流れて、辛苦の身とは相成り候へども、是非に叶はず、運のつきに遭ふ事かなと思ひ直し、これよりは互ひに相暮し申すべし、（「土州人長平漂流日記」）

「これも観音さまのお導きのお陰だ」と、長平は両手を合わせて喜びました。またその喜びは尋常ではなく、希望に満ちていました。長平が最も喜んだのは、大坂船の人々が貴重な火打ち石を携えて上陸したことです。大坂船の人々は、これで火を起こしてご飯を炊き、長平にご馳走しました。しかし長平は口に入れた後、ゲッと吐き出してしまったのです。日ごろ鳥と魚介類の生肉だけの生活で、体がご飯を受け付けなくなっていたのです。火を持たない野生そのものの無人島生活の、何と物悲しい逸話ではありませんか。これからは、鳥肉を焼いたり煮たりして食べるようになりました。

殊更《ことさら》火種子も持ち来り候間、これより、食事も焼きあたゝめて、夫食《ぶじき》（食事）に致す

べしと、それより鳥、肴《さかな》を焼きあたゝめて夫食にいたし候て、喰ひ初め候なり、（同書）

大坂船の人たちは長平の住む洞窟の近くの岩陰に茅《かや》を敷き、外側に石を積んで住居としました。そこには腐った二つの板切れがあり、十二人はこれを注意深く読みました。一つは「遠州新居筒山五兵衛船十二人乗」と書かれていました。もう一枚は「江戸塩丁（堀江町）宮本善八船七人乗組」と読めます。板切れは「堀江町」と書いたのに長年の風雪でかすれて読みづらく、「堀江町」を「塩丁」と誤読したのでしょう。そこにはほとんど朽ち果てた鍋、釜が置かれていました。

そこは、一七二〇（享保五）年一月二十六日に漂着した遠州国新居浦の鹿丸十二人乗り船と、一七三九（元文四）年に漂着した江戸堀江町宮本善八の七人乗り船の乗組員たちの住居だったのです。これで少なくとも長平たちの漂着する四十六年前に、漂着者たちが住んでいたことが分かります。

遠州国鹿丸の甚八、仁三郎、平三郎の三人（一七二〇年に漂着）は、伊豆鳥島滞在中に一七三九（元文四）年三月に漂着した江戸堀江町宮本善八船に発見され、同船で五月に八丈島に帰還しています。鹿丸の三人は、実に十九年四カ月も無人島で生活していた訳で、この三人は当時の将軍吉宗に謁見しました。

　鹿丸三人の鳥島滞在はその後、女護ケ島を絡めた好色戯曲などの素材にもなったものの、鎖国の治政下で余り評価されませんでした。しかし、鹿丸の三人は、日本人として最長の無人島生活記録をたてたことに変わりなく、もっと評価されてもいいと思います。当時は海に乗り出すことは「ご法度」という観念が強く、その後はあまり注目されることはなかったようです。しかし、水もない溶岩ばかりの火山無人島で十九年あまりも暮らした記録は世界的にも稀有なものです。

伊豆鳥島で12年４カ月も暮らした香南市香我美駅前に立つ「長平像」＝高知県香南市提供

　長平は大坂人たちを自分の洞窟に案内しましたが、大坂人たちは洞窟の周囲に、上部に穴を空けた大鳥の卵が五十個ほど並んでいたのを不思議に思い、長平に「これは何だ」と質問しました。長平は「この島は川も泉もない不毛な島。こうして卵の器に雨水を貯めてノドの渇きをいやしています」と、雨水の入った卵を一つずつ勧めました。伊豆鳥島は意外に多雨地で雨の降る日が多かったのです。また、大鳥が島にいなくなる間の食料として、大鳥をさばいて一日か二日天日干しすると、干物として保存できることなど教えました。

それから長平ら十二人はお互い協力して無人島生活を送りました。その二年後に、皆が協力しあって流木船を共に造った志布志の住吉丸の船員たち六人と遭遇することになるのです。

第四章　流木で船を造った住吉丸

日向灘で西風落とし、漂流

志布志浦の海商・中山三右衛門の持ち船住吉丸（十六反帆）は、一七八九（寛政元）年十月二十九日、舵取り一人、水手三人の四人を雇い、ごま、ほしか（干し魚）の荷を載せ、志布志浦を出帆しました。順風にも恵まれて十一月二日に備中の国玉島浦（岡山県倉敷市）に到着し、荷下ろしを終え、帰りに綿花を載せました。

船主の中山家は代々海運業で繁栄した志布志の海商で、幕末期には琉球を経由した中国との密貿易でも知られました。山畑敏寛氏著『志布志港の「みなと文化」』によると、屋敷は当時「志布志で不思議は宗五郎《そごろう》どんの屋敷、表二階に裏三階《さんげ》、中はどんどんめぐらいの四階建て」と唄われており、表通りから見れば二階建て二棟続きの家であったが、裏から見れば東側の一棟の一部は途中から三階になって、高い屋根裏を利用した三階の大部屋が海に面して設けられ、部屋には長さ一間（一・八メートル）に近い望遠鏡が置かれていた。

中山家は「宗五郎の密貿易屋敷」として有名で、抜け荷（密貿易）の存在を隠すため、二階の大廊下から三階へ行くには、取り外しの出来るハシゴで上がりましたが、ハシゴの途中西側の板塀は細工された密室の引き戸になっていました。また、二棟の間にも二階の部分に部屋があって、板塀を利用する出口がありました。入口の東側の土間の下に石で組んだ堅牢な地下石室もありました。この屋敷の主要部分であった東側の三階建ては、一九六〇（昭和三十五）年代になって解体されています。何らかの手当をして保存すれば、志布志の繁栄を語るすばらしい歴史遺産、観光施設になったのにと、悔やまれます。

志布志市在住で鹿児島県文化財保護指導員の米元史郎氏によると、宗五郎は宮崎県串間地

幕末期の宗五郎の密貿易屋敷跡付近

方の人で中山三右衛門の娘婿に入り、中山姓を継ぎました。薩摩藩が黙認していた奄美・琉球・中国などとの抜け荷（密貿易）を密かに行い、財をなしたといわれる人物です。ちなみに「抜き荷」というものもあったようですが、これは船頭が回送を委託した荷主の商品を抜き取って横領することをいいます。

　話を宗五郎の義父・中山三右衛門に戻しますが、住吉丸は広島県鞆の浦に停泊。翌日、朝早く船の結び綱を解いてしばらく順調に走っていましたが、風が悪く、安芸の国の「かると」（広島県安芸郡倉橋鹿老渡《かろうと》）で、風待ちをしました。数日して順風になったので周防（山口県）上関の沖を走っていましたが、また風が変わって「にない」（山口県下荷内島？）に停泊しました。「無人島談話」の著者で薩摩藩医・曽槃《そうはん》は「にない」は「海泊風波をしのぐ所なり」と書いています。その後も何度となく「悪しき風」に悩まされながら細島（宮崎県日向市）に着いたのは十二月二十六日でした。二十日ほどもかかったことになります。

住吉丸の乗組員は次の通りです。

船頭　栄右衛門　四十五歳　志布志浦紺屋町の人
舵取　甚右衛門　五十歳　日向国福島（串間市今町）
水主　重次郎　四十五歳　日向国福島（串間市今町）
水主　惣右衛門　二十五歳　志布志浦（鳥島で死亡）
水主　善助　三十一歳　同（鳥島で死亡）
水主　八五郎　二十九歳　同

「懐かしい志布志浦までもう一息だ」と心勇んでいた二十八日、東風に乗って細島港を出帆、日向灘を開帆して喜び勇んで大洋に出ました。そのうち風は東北の方向に変わり、亥の刻（午後十時ごろ）、

淅瀝《せきれき》（雨雪や風の音）として雨来り、寅《とら》の刻（午前四時ごろ）とおぼえし比《ころ》、西風はげしく起り、終《つい》に細島のかたより十里（四〇キロ）ばかり放洋《ふきはなされ》ければ、西北のかたを

のぞむに、日向の山々峯々は、朦気《もうき》（霧やもや）のうちに幽《うす》くなり、僉愕然《みながくぜん》としてせむかたなく逆風に漂流す、（曽槃著「無人島談話」）

細島を出て四〇キロほど進んだところで、突然の〝西風落とし〟に遭い、船は東へ東へと流され、西北に見えていた日向の山々も段々見えなくなりました。曽槃は、船子の言葉で流されることを「つかせ走り」という、と注釈をつけています。「これはどうしたことか」と船人たちは、ひたすら船神《ふなだま》、潮神《わたがみ》に祈るばかりでした。

夜が明けても雨がなお激しく降り、西風もさらに強く吹き、激浪はげしく、六人が四方見渡しても船はどの方角に進んでいるか渺茫《びょうぼう》（果てしなく）として分からなくなりました。その夜も星が見えることなく、雷鳴がとどろき、怒涛の波は高くうねるばかり。船頭の栄右衛門らは「どうぞ私どもにご加護を」と、神と仏の名を唱え、朝日に祈りをささげました。それでも強い風はやむことを知らず、船に浸入するアカを汲み取るのに懸命です。

午《うま》の刻（昼十二時ごろ）になると、海翻《しおさい》（潮騒＝潮のさす時に波が高くたてる音）いよいよ轟き、外舵《そとかじ》が破損し、船尾が破れ、船内に大波が入ってきました。全員でアカ汲みしますが、船は左右に激しくローリングして今にも沈みそうです。栄右衛門の命令で積み荷の綿の俵を海中に投げ打ち、斧で帆柱を叩き切り、船の転覆の危険を回避しました。全員が自分たちの大事な髻《もとどり》（髪の毛を集めて束ねた所）を切り落とし、塩を八方に撒《ま》いて天照大神や金毘羅さまに自分たちの無事を祈りました。さらに江戸時代の漂流船がよくやる「垂《た》らし航法」に入りました。「垂らし航法」とは、いくつもの縄を舳先《へさき》に結び付けて流し、船の艫《とも》（船尾）が先になるようにして、〝後ずさり〟させる遭難時の航法のことをいいます。このように住吉丸は遭難時にすべき全てのことをやり、後は波風まかせで大海に翻弄《ほんろう》されるしかない「坊主船」になりました。

翌日朝ごろから風はおさまり、雨だけが降ってきて皆天を仰ぎ雨水を飲んだりしました。それからは、陸地に辿《たど》りつくように神様に「命ごい」するしかない日々が続きます。栄右衛門は和磁石で南北を測り、さらに日の出を見て東西は分かりましたが、どこを見渡しても島は見えず、ただ大海に漂うしかないのです。もう二十日ばかり大洋に漂っていたでしょうか。食料もついに尽き、仕方なく塩水を酒樽に盛り、これで渇きを癒すしかありませんでした。

ついに島を発見

正月二十八日、あるいは二十九日と思われるころに、海は凪《な》いで空が澄み渡ってきました。雲一つありません。住吉丸の面々が四方を見渡していると、はるか彼方（船から一二キロほど先）に、島らしいものが見えました。皆はこれに勇気づき、

げに島は神の御影やと、すでに船足をその方位にむけ、あやしき帆（仮帆）をした丶め、行くほどに、やがて岩木の色もみえわくばかりになりて、（島をさること一里半ばかりといえり）をじまの山の山おろしの起きて、船はいかにもよりかたく、僉《みな》おもふに、今この島をうしなはゞ、この世のかぎりならむとて、すみやかに錨《いかり》を施《おろ》すに、海ふかく抓《かき》とゞまらず、（同書）

約六キロ南に島らしいものが見えて「これは神のお助けのお陰だ。この島を見失うと、この世の終わりだ」と、島に近づき、碇を下ろしました。しかし、海が深く、海底に碇は届か

ず次々と三房の綱を結びつけて下ろしました。それでも海底には届きません。だんだん島は遠くなるばかりで、もう夕暮れになりました。一帯の海は深海らしい。悶々として暁を待ちわびました。

そして皆で相談して神籤《みくじ》をつくりました。その一つは「本船に留まってなりゆきを待つ」か、もう一つは「脚船（伝馬船）に乗り移って孤島に上陸すべき」か、この二つの選択肢を決めて、誠心誠意祈って船頭の栄右衛門は手を洗い、口をすすぎ神妙に祈願し、目を閉じて籤を引きました。そうして栄右衛門が引いた籤は「脚船を下ろせ」の方でした。栄右衛門は薩摩藩の船であることを証明する小幟《こざし》（小さなのぼり）と重要な津口番所の文券《てがた》を取り出し、二十九歳と最も若い水主の八五郎に「たとえわが身は溺れても、これだけは失ってはならないぞ」と言いながら渡しました。八五郎は「はい承知しました」とこの薩摩藩の大切な小幟と津口番所の文券（船手形）を体に巻き付けました。

そして脚船（伝馬船）を下ろして八五郎と善助がまっさきに伝馬船に乗り移り、船頭の栄右衛門は船神《ふなだま》（航海安全の守り神）を捧げ持ち、次におのおの船具や大工道具類、それに鍋釜、食器の類を携えて本船を去りました。疲れ切った体にむち打ち、島をめざし懸命に艪《ろ》を漕ぎました。そうして島に二町（約二〇〇メートル）ほどに近づいたと思われた時、遠く島の丘の上に異様な姿の人の群れが何か叫んでいます。声は風と波動で打ち消されて、聞き取れませんが、絶叫する様子から見て尋常な人とは思えません。鬼でなく、人間であっても、乱れた髪や身なりから異国人としか思えないのです。もし、上陸したとしても彼らが自分たちを殺す恐れがありそうです。まさに「前門の虎、後門のオオカミ」の状態です。「大海を漂いようやく島を見つけたのに――」と、六人は途方にくれました。

すでに崖上より、散髪《ちらしがみ》、裸体《はだか》の人、或ひは襤褸《ぼろ》をきたるもの、六七人立ちならび、喧叫《よびさけぶ》の声、錯々《さくさく》（混み入って）として弁ずべからず、その風貌骨相《なりふりにんそう》、我くにの人にあらず、あやしき様なり。（同書）

もし彼らが人食い人種で上陸しても殺され食べられたら大変だ。おびえた六人は「本船へ引き返そう」と相談し、伝馬船の舳先《へさき》をUターンさせ、沖へと向かいました。しかし、流れてくる陸からの声によく耳をすますと、言葉の端々に哀願するように「来てくれ！」という叫び声がはっきり聞こえました。この声と共に、彼らは盛んに手招きするようになりました。栄右衛門は「言葉からして異国の地ではなさそうだ」とひとまず安どして、きびすを陸に返して艫をこぎ寄せました。人食い人種ではなく、ここはまさしく日本の最南端であるようです。

しかし、岸近くに寄せようとしても岩礁があり、波が高いので破船の恐れがあります。そこで八五郎が帆綱を持って一丈（約三メートル）ほども高さのある岩上の男に投げ上げました。すると岩上の男がその綱を受け取って八五郎を吊り上げました。岩に上がった八五郎は「この地はいずれの国ですか」と質問しました。これに対して長平らは、

吾輩は僉《みな》日本の民にて、難風の為にこの島に漂着し、糧《かて》はつき、船はやぶれて、帰るに便り無く、啼《な》く〳〵もこの地に在りて数年に及べり、（曽槃著『鳥島物語』）

と、救助の船もなく、神に仏に昼夜ともなく願った甲斐あって、今日にいたったことを告げたのです。

「あなたたちの来船がどんなにうれしく、喜ばしかったことか」と、言葉短かに語りました。もう疑うことはありません。八五郎は「日本人だ！」と船の同僚に叫び、岩から伝馬船に縄を投げ入れて船を引き寄せ、栄右衛門ら残り五人は船具や大工道具を携えて、八五郎と

同じようにして無事引き上げられました。五人が陸に引き揚げられた後、伝馬船は折からの大波をかぶり岩に衝突し、沈没してしまいました。その様子を目撃した六人は、九死に一生を得たうれしさと、今後、先客の十二人と手を取り合って生きて行こうと、涙ぐむことでした。この島は伊豆諸島の最南端に位置する「伊豆鳥島」で、遭難した日向灘から約八五〇キロも離されていました。住吉丸の船頭・栄右衛門は、観音経一巻を所持しており、島でも朝夕これを暗唱していました。

「巨海に漂流して龍・魚・諸々の鬼の難あらんに、彼の観音の力を念ずれば波浪も没すること能わざらん」と説く観音経は、漂流者の心の支えとして何よりもふさわしかったのだろう。（小林郁著『鳥島漂着物語』）

しばらくして長平が膝を進めて語ったところによると、自分は土佐の者で一七八五（天明五）年一月末に、藩米を積み同国田ノ浦の米倉に回送して（高知県香南市に）帰る途中に、土佐で「あなじ」と呼ぶ北西の強風に吹き流されて、四人全員がこの島に漂着しました、三人はこの島で病死し、一年四カ月ほど自分独り生活していました、その後、一七八八（天明八）年二月に大坂船の十一人が漂着し、いまこの島には十二人で暮らしていますと、鳥を殺生して魚介を食して無人島生活を送っている話をしました。まるで硫黄島に流された俊寛と同じような長平の貧窮ぶりを聞いて、

八五郎等は諸共に、悲しさに堪へずや有りけん、泣き伏したり、斯《か》くて有るべきにあらねば、皆諸共に洞穴中に寄宿し、木の実、草根、鳥魚などを食し、僅《わず》かに命を繋ぐのみ、旦暮《たんぼ》（朝晩）帰国の方術を談合《かたら》ひ居りたり。（曽槃著『鳥島物語』）

一同は、かつて島に漂着した人々の跡を探索しました。するとある穴の外に人骨が散乱し、穴の中を覗くと、枕をした死骸があり、傍に数珠や鉦などが置いてありました。また長平と一緒に漂着した三人の亡骸にも石塔を立てて供養しました。さらに漂着民の作ったと思える軽石製の天神像も発見しました。また志布志の住吉丸は漂流中、洋上に白髪の翁が現れて「茶をくれ」と乞うのを二人の水主が見たといいます。幻影でしょうか。

流木集め船を造る

漂流者は十八人に増えて大鳥の卵の殻や鍋釜に溜まる雨水だけでは水不足です。漂流者たちは、丘の上に穴を掘り、表面に漆喰をぬって小さなため池をつくりました。漆喰は何を材料にしてつくったか、など詳細は分かりません。『八丈實記　二』には、

流木アレハ拾アゲ穴ヲ掘リ油石灰《しっくい》ニテヨク塗十五ケ所モ水溜ヲ栫《かこい》ケリ

としか書いていません。その模様を小説家・吉村昭の『漂流』では、ため池は住吉丸の重次郎の指導で洞窟近くの平坦地の土を掘り、広さ十坪（三三平方メートル）、深さ一間（一・八メートル）ほどの大きさで、貝殻を砕き、天日にさらして細かく刻んだ茅を土と混ぜました。さらに海草をドロドロになるまで煮たものと攪拌《かくはん》させて漆喰とし、それを表面に塗って水漏れを防いだ、と書いています。当たらずとも遠からずでしょう。漂着民たちは、ため池の規模は兎も角、あちこちに小さなため池を造ったのは間違いなさそうです。食料は大鳥が

島にいる時（九月～翌年四月）は一人一羽ずつ捻《ひね》り、卵を失敬し、鳥のいない時期のために一人につき百羽の干物をつくり、それに魚介類だけで生活しています。

これだけではビタミン類不足で栄養失調にもなります。大坂船の五兵衛は、病にかかり死亡しました。同じ大坂船の市之丞は、住居とする洞窟が崩れてその下敷きになりました。皆が急きょ掘り出し窮地を脱しましたが、市之丞は魚釣りに行って波にさらわれて一時行方不明にもなりました。さらに志布志船住吉丸の惣右衛門も癪《しゃく》（胃痛や腹部の激痛）の持病に悩んでいました。彼の腹部は不気味なほど膨れ上がり、手足は細く、胸には肋骨が浮き上がり、食欲も日増しに衰え、ついに息を引きとりました。それぞれ墓地と定めた土地に埋葬してねんごろに弔いました。漂着して間もない寛政元年六月二十九日、二十六歳の若さでした。

新しい仲間の死で、皆の帰心がいよいよ高まりました。島の向こうに船が見えた時、この島に人がいることを知らせるために、〝のろし〟を焚くことにしました。丘の上に茅束《かやたば》を幾重にも重ね置きました。万一、船の姿が見えたら、その茅束に火をつけて島に人間がいることを知らせるためです。しかし、それ以来、帆影は全く見えず、目に出来るのは、まれにクジラが背を出して潮を噴き上げる姿だけでした。またある時はサメが大鳥を飲み込む光景ぐらいでした。
志布志の住吉丸が漂着して二年が過ぎましたが、まだ一隻の船も沖に見かけません。そんなある日（寛政四年六月ごろ）、大坂船の忠八も病にかかり死亡しました。このように曽槃は、注釈で、忠八は五兵衛とともに、住吉丸漂着前に死んだ、という説も併記しています。漂着仲間の相次いで亡くなる不幸が続き、嘆き悲しみ語り合っているうちに、生きている人間は必ず死ぬ「生者必滅」は人生の常であり、明日をも知れぬ命なのに、いたずらに過ごして島の露と消えるよりも、むしろ船を手作りして故国をめざしましょう。たとえ、その夢がかなわず、大海の藻くずとなっても、身を捨ててこそ浮かぶ瀬もある——と、一行は、ついに流木を集めて造船に挑戦することになりました。

幸ひに藩府のもの、修船《ふねづくり》のことに心ありて、匠器を携へけるこそ陰助《かみのたすけ》なれば、これよりして、漂到の諸材をひろひ、船材の故鉄《ふるてつ》を、さめ、布帆の料は衆の衣服を集め綴るべしとて、皆一所にをさめ貯へ、冬は大鳥の毛羽をつづりて、風寒をしのぎ、明けくれ心をつくしけれど、潮汐によりくる物なれば、（中略）尚いまだ匠器に乏しく、且つ鉄釘を鍊錘《れんすい》（鍛える）するに、鍛冶第一の風箱《ふいご》なし、（「無人島談話」）

幸い志布志の住吉丸で一番若い八五郎は、鍛冶の術や造船の技を知っていました。そこで八五郎が「船を造って帰還しよう」と提案したといいます。しかし、鍛冶の術があったのは大坂船の南部（岩手県）出身の三之助という説（近藤富蔵著『八丈實記　二』）もあります。それによると、三之助は一本の寄せ木を拾い上げてこれを斧で巧みに彫り、上棚をつけた長さ三間（五・四メートル）の船を造り、波が静かな日はこれに乗って釣りをしていました。その姿に接した漂着民は「船を造って日本をめざしたい、という気持ちは全員にあり、年月を重ねるうちにそれが高まって、自然にあちこちから声があがるようになったのが真相ではないか」（『鳥島漂着物語』）といいます。

住吉丸が持ち込んだ大工道具は、

山刀（鉈《なた》に似た刃物）　一テイ
曲尺（直角に曲がったものさし）　一本
ヤスリ　二テイ
ノコギリ　一テイ

ノミ　三本
斧　二テイ

船造りにはまず流木を集めることです。全員が手分けして海岸を回り流木はないか、と探しましたが、船の材料になる板や木材はなかなか見つかりません。板や木材のほかにこれらを留める船釘も必要です。〝ないないづくし〟からの造船は、気が遠くなるような難儀が待っています。古釘は少々集めましたが、船釘が圧倒的に足りません。船釘は平釘のほかに「縫い釘」といって二枚の板を繋ぎ合わせる際に、縫うように止める特殊な釘が必要で、これは大きく湾曲した特殊なものです。これをつくるには鉄を溶かして曲げなければなりません。

それには「フイゴ」を作って古釘を精錬する必要があります。志布志の一番若い二十九歳の八五郎がかねてからフイゴの作り方を覚えていました。しかし、同僚の善助が病気になり、善助を付ききりで看病しており、フイゴ作りにはなかなか手が付きませんでした。善助は八五郎の看病もむなしく、食欲が衰え、日々憔悴《しょうすい》（やつれ）が甚だしく、曽槃によると、寛政五年七月二十九日に亡くなりました。享年三十五歳（誤記か）でした。

善助の死は、いっそう他の漂流たちの「船を仕立て母国に帰還したい」という気持ちを高めたようです。

近藤富蔵が書いた『八丈實記　二』には「造船」と題し、三組の造船のことを詳しく述べていますので、これも参考とします。近藤富蔵（一八〇五～一八八七年）は、千島列島エトロフ島探検で知られる旗本・近藤重蔵の子どもで博徒でしたが、別荘地の境界争いで七人を殺傷し、一八二七（文政十）年に八丈島に流されました。富蔵は島では、詳細な漂着の歴史や島の民俗事象を書き残しており、民俗学者の柳田國男から「日本における民俗学者の草分け」と評されています。彼は江戸時代、八丈島に流された最後の流人として一八八〇（明治十三）年に赦免されました。

『八丈實記　二』によると、大坂船に乗っていた南部（岩手県）出身で二十八歳になる水主・三之助が、茅を編んで船の模型を作り、さらに寄せ木一本を拾い上げ、斧で長さ三間（約五・四メートル）の船（クリ船か？）を巧みに造り（彫り？）ました。三之助は波の穏やかな日に、この流木船に乗って釣りをしました。このことがきっかけとなり、漂着民たちがこぞって船を造るきっかけになった、というのです。いずれにしても「才覚のある若い者たちの行動や言葉が、漂流者たちを造船に踏み切らせた」と小林郁は『鳥島漂着物語』に書いています。

そういえば古釘を溶かし、船釘をつくる「フイゴ」作りが欠かせません。このフイゴは志布志の八五郎の発案で作ったようですが、『八丈實記　二』では、本格的な船造りのリーダーの三之助を中心に全員が造船作業にあたったようです。本土へ帰還する船を造ると決まった後の皆の目はランランと輝いていました。

海岸から一六〇メートルほど離れた北の丘陵地を「造船所」として、住吉丸の栄右衛門は巧みにノコを引き、カンナを使って、フイゴ作りをはじめました。流木を集めて箱を仕上げましたが、フイゴの弁の役目をする革がありません。そこで大鳥の皮三枚を水でもみ洗いして乾かし、張り合わせて弁の代用品にする工夫もしました。

想像するに住吉丸の船頭の栄右衛門や大坂船の船頭・儀三郎ら、船の構造に詳しい者たちが集まって船の設計を話し合ったのでしょう。それから全員で島に押し寄せる流木を集めて古釘を抜き集めました。寄せ木は島の北側の海岸に多く寄せてくることを全員が知り、手分けして「山海に食をとる暇なく」流木探しと古釘探しに明け暮れた、と書かれています。フイゴで古釘を鋳造しましたが、すぐに古釘は使い果たし、船釘を作ることができません。やむなく寄せ木を集めながらも、破船の古鉄探しにも集中しました。

そんなある冬の日、帆柱の根一本が流れてきたので、これを造船所へ運び入れました。しかし、いくら材板があっても、船には船底に通す竜骨（船首から船尾にかけて船底の中心を真っすぐに通す要材）が必要です。造ろうとする船は十四人が乗り、帰還中の食料などの備品も載せられる長さ約二十尺（六メートル）、幅約二尺（六〇センチ）の規模です。幸運にも、寛政六年が明けてまもなく、岩山の傾斜に登って大鳥を叩き殺していた者たちから「北の方向から大きな材木が寄せてきている」と、叫ぶ声が響きました。波打ち際から三十間（五四メートル）ほどの海に、船の竜骨によさそうな長い材木が漂っています。さっそく土佐の長平と大坂船の清蔵、三之助の三人が冬の海に飛び込み、その流木めがけて泳ぎ、その材を引き寄せました。曲尺《かねじゃく》で測ったら長さ二十四尺（七・二メートル）、幅二尺（六〇センチ）もあるクスノキでした。これから造ろうとする船の竜骨に最適です。茅をたき、暖をとる三人に駆け寄り、「これは神仏のご加護にほかならない」と全員が抱き合い、手を叩いて喜びました。

さらに、『八丈實記　二』によると、住吉丸が漂着した島の西南部の海岸の岩場に尖った鉄の塊らしいものを見つけました。数人がかりで岩を押し開けてゴロゴロした岩の間からこの鉄の塊を引き出しました。これは船の碇の爪でした。さっそくこれを引き揚げて、フイゴのある造船所に持ち込み、フイゴで鋳造しました。造船作業は三之助を中心に同じ大坂船の吉蔵、志布志の住吉丸の甚右衛門、八五郎らが作業しました。しかし、船の骨格が出来上がり、作業も八分ほど進んでも、側面をなす板と横木が足りません。仕方なく寄せ木を集めて船釘で止めて継ぎ足しました。

船尾の戸立《とだて》（和船の艫《とも》の傾斜板）の材料がありません。大坂船の清蔵は暑さ盛りのころ、洞窟の中の石を積み上げた祠に、身につけていた布袋さまの小さな像と、日蓮上人の肖像を収めました。そうして毎朝、欠けた茶碗に水を入れて供え、「どうか良材が流れ来るように」と祈願しました。すると、翌一月下旬になって良材の敷木が流れてきたのです。願いがかなったのです。偶然でしょうが、皆は不思議がりました。

人体に肋骨があり、筋肉、皮膚があるように、船もその筋肉や皮膚にあたる板や材木も必要です。これも夏の終わりごろ大暴風雨の後に板が多く寄せました。この板は古い板で漂流船の物だったようです。勇んだ住吉丸の甚右衛門は「縄を用意すべきである」と進言しました。縄は船に必要であるばかりでなく、船材と船材の間から水漏れするのを防ぐために、接合部に詰めてゆくのです。その綱は島にあるイッサキに似た木（アオギリ？）の皮を練って代用しました。

島の北部の海岸に、帆柱の基部とみられる材木が流れ着きました。柱の太さ二尺五寸（七五センチ）、長さ二十尺（六メートル）もある難破した千石船のもののようです。住吉丸の船頭・栄右衛門と大坂船の船頭・儀三郎が中心になって、この帆柱の基部をどう活用すべきか、話し合いました。その結果、基部をノコで引いて板と材にすることに決まりました。これで船造りは急速に作業が進みました。一カ月後にようやく板と三寸角の材を得ることができました。

帆は全員の被服を集めて、縫い合わせて作りました。こつこつ気の遠くなるような漂着民の協力と努力で、船はやっと三年後にはほぼ完成しました。準備から流木集めの期間まで入れれば、実に五年以上の歳月が経っていました。「無人島談話」には、

おほひに工夫を費やす、山海に食をとり、暇なく、僉無何有の郷《みなむかゆうきょう》（何もない島）に栖々《せいせい》として光陰をおくるも、また何の因縁なることをしらず、凡そ三年にして、船も船具も皆成る頃、路もまた暫く平夷《へいい》（平らかなこと）になせり。

とあります。漂流民にとっては「ないないづくし」からの気が遠くなるような作業で、た

曽槃が描いた漂流者たちが流木を集めて手造りした「洋船」(「無人島談話」より)

だ「生き抜いて帰国したい」一念でやり遂げたのでしょう。

船を海まで下ろさねばなりません。そのためには海岸までの道を造り、船の下に敷いて転がすコロ（転）が必要であり、この作業も道路造りと並行して進めました。船が完成してから諸々の作業は急速に進展しました。後はそれまでに蓄えた大鳥の干物のほか、釣りにも精出して魚の干物も俵に詰めました。まだあります。日本をめざして航海中の自分たちの飲む水を貯めておく樽《たる》も必要です。でも樽を縛り付ける「箍《たが》」をつくる竹が必要です。これも幸運にも竹が五、六本も流れ着き、これで水樽四個を作りました。

曽槃は「無人島談話」の中で「この漂人た

ちが造った船」を「洋船（船）」と名付けて、その見取り図をしたためています。また『八丈實記　二』にも同じ見取り図が載っています。この船は長さ六間（一一メートル）、幅七、八尺（約二メートル）のかなりの大きさの船ですが、継ぎはぎだらけ。自分たちの被服でつくった帆（四反帆ほど？）を二カ所に立てたものです。皆で相談してこの船の名称を船乗りに信仰の深い伊勢神宮にちなみ「伊勢丸」と命名し、喜びの進水式も行いました。そして、三つの漂流船の十四人が一致協力して完成した船なので「三つ巴」を船印として掲げました。

漂流者たちには、まだ大切な仕事が残っていました。それは、不幸にも島で病死した志布志の惣右衛門、善助、これに土佐船の源右衛門、長六、甚兵衛、さらに大坂船の五兵衛、忠八の遺骨と、一体一体丁寧に拾い集めた以前の漂着者たちの骨に、日本の土を踏ますことです。そうして漂着した三船の始終を記録したものと、帆にした衣服の残り、ひな形船、フイゴや火打石および釜一つを箱に納め、次の漂着者の助けになれば、と一カ所にまとめて置きました。

青ケ島に漂着

さて船が完成していざ船を出そうとしましたが、どの方向に船を進めればいいかがはっきりしないのです。そこでまた、住吉丸の栄右衛門が、一つは西方、一つ北方、一つは西北と、三つの神籤を作り、精進潔斎して引きました。その答えを「無人島談話」には、

籤を決するに、西北の間方を得たり、頃は炎暑盛んにして、南風吹きしく時なれば、あるひは六月といひ、あるひは五月といひ、あるひは七月といひ、みな一定のことなし、

と書いています。この神籤で栄右衛門は「西北」と書いたのを引きました。また伊豆鳥島を出帆したのは初夏から夏にかけての、南から順風の吹く日だったのでしょう。出帆した年月日は「無人島談話」では、はっきりしません。しかし『八丈實記　二』には「(船の進む方角)は戌亥《いぬい》(乾＝西北)、日取り六月八日」とはっきりと書いています。年号は一七九七

（寛政九）年です。漂流者たちの当日の心境は、ようやく出帆の日を迎えた感動と、死の船出になるかも知れない悲壮感が入り交じっていたに違いありません。

時刻は巳《み》の刻（午前十時ごろ）、空は晴れていました。まず、島で無念の死を遂げた七人の霊魂を呼び寄せ「船は浮いたぞ、乗ったか！」と魂に叫びました。そして纜《ともづな》を解き、神籤で決めた西北に向けて帆を張り、艪を漕ぎました。艪は住吉丸に一つ、大坂船に三つの計四つがありました。大坂船の清蔵は乗船の模様を「まず船に高齢者だけを乗せて沖へ出し、若者たちは全員泳いで乗船した」と細かく描写して証言しています。船は、磯を離れて湾口に向かって進んでいきます。船が湾口を抜け出し、岩礁の間を縫って沖合二〇〇メートルほどに達したとき、碇を下ろして停止、ついで若者たちが泳いで船に乗りました。何という若者たちの敬老精神でしょうか。乗船したのは志布志の栄右衛門、甚右衛門、重次郎、八五郎と、大坂船の儀三郎、久七、吉蔵、市之丞、長兵衛、松兵衛、三之助、由蔵、清蔵、それに土佐船の長平の計十四人でした。長平は島に滞在すること十二年四カ月、大坂船の面々は九年四カ月、住吉丸の四人は七年五カ月も島に滞在せざるを得なかったのです。

「碇を揚げろ」。志布志の船頭・栄右衛門が叫びました。

碇は海底から離れ、「恩愛深き島」に別れを告げ、船は動き出しました。住吉丸の舵取り・

甚右衛門が舵を操ると、継ぎはぎだらけの帆は大きくふくれ上がり、西北方向にすべりはじめました。と突然、周囲の海面にひらめくものが見えました。おびただしいトビウオの群れです。大魚にでも追われているのでしょうか。飛び上がって滑空していきます。漂流民たちは希望と不安の入り交じった気持ちで次々と飛ぶトビウオの群れを眺めていました。風は順風で海のうねりも低いようです。寄せ木細工で造った船、大波がきたら、もろくも崩れそうな伊勢丸です。十四人は神仏にすがる思いでした。お椀を伏したような伊豆鳥島の黒褐色の姿がだんだんと小さくなります。やがて日没がやってきました。舵取りは甚右衛門と儀三郎が交代で行いました。相変わらず海上は緩やかな波で風向きは変わりません。

夜明けに近いころ、大坂船の船頭・儀三郎が前方を指さし「島だ」と叫びました。近寄ると、平坦な島で人が住めそうにない島（鳥島と青ケ島の中間付近にある須美寿島）でした。翌日の夕刻、舳先にいくつもの岩礁が見えました。これが須美寿島の北方にある「ベヨネース列岩」でした。

伊豆鳥島を離れてすでに四日が過ぎ夜半に小雨がぱらつき、海上には濃い靄《もや》のようなものが立ち込めてきました。明らかに悪天候に向かっています。八日目（六月十五日？・）の朝、風がわずかに出て帆が膨らんできました。「おーっ」。儀三郎がうめきました。指さす方向に青ケ島を目撃した瞬間でした。だんだんと島の輪郭が大きくなってきました。「何島かは分からないが、上陸することにしよう」と一致し、帆から艪に代えました。この島は青みを帯びた島ではありますが、断崖がそびえたった島でした。伊勢丸はこの島の東岸に接近し、上陸できそうな場所を探しました。すると、岩肌に吊り下げられた三本つなぎのハシゴがありました。島人がこのハシゴを使って昇り降りしているみたいです。北に回ると石のゴロゴロした磯に轆轤《ろくろ》（重いものを引き揚げたり、下ろしたりするのに使う滑車）もあります。もう人が住んでいる島に間違いありません。船頭の儀三郎が船を再び島の東岸に戻し、沖合三百メートルほど付近で停泊しました。

是コソ人ノ住家ト悦ヒ様子ヲ問シト由蔵ヲ游《およ》ガセケルニ早クモ彼方ニ見ツケテ楷子ヲ下リ厳石ノウエヲ飛来ルアリサマ、其ハヤキコト人間業トハ思ハレス、タダチニ海中エ飛入船エ乗移リ怪シゲニ見廻シ鳥島漂流ノ本末ヲ聞キ得心シ、此者答テ此所ハ八丈島ノ持青ケ島ト云処也、山焼（火山爆発）ニテ在住ノ男女ハ残ラス八丈島エ引移リ、（『八丈實記　二』）

『八丈實記　二』は、由蔵が海中に飛び込み泳いでいると、島人が早くもこれを見つけ島のハシゴを伝って降りて海に飛び込んで船に泳いでやってきた、初めは不審がっていたが、漂流の顛末を話して救助を要請したことを記しています。島人が言うには、この島は八丈島の南に位置する青ケ島。この島は火山島で在住の男女は火山噴火したので八丈島に避難し、元気のある男九人だけが四年前に再開発の志を抱いて島に帰ったということです。

　島人は、北へ向かうよう指示しました。島の北側に近づくと、六人の男たちが急坂を下りてきました。伊勢丸から男たちに太い縄が磯に投げられました。男たちはその綱を轆轤にからみつけて、残りの伊勢丸の十三人を引き揚げました。その後、伊勢丸も波のうねりを巧みに利用して轆轤で陸に引き揚げました。絶壁をのぼると、意外にも平坦な地でした。漂流民たちは青ケ島の島民宅に分宿してサツマイモと里芋を振る舞われました。

青ケ島の全景＝『八丈實記　二』より

　僉欣然として、神仏をふし拝み、涙ながらに、歳月を（島人に）尋ぬるに、この歳寛政の九（一七九七）年なりといえり、けふは六月十三日なりといえり。この時、はじめて六月八日に、かの島（伊豆鳥島）をいでしことをしるといえり。（「無人島談話」）

この島（青ケ島）の有様をたづぬるに、往歳、火脈沸湧《ふつゆう》して、村落一時に湮没《いんぼつ》（沈んで無くなること）し、これより島民、居を八丈島えうつす、（中略）その後なをさることと四年にして八丈島より男子九人かへり、履田をおこせしに、また近来、田鼠《でんそ》穀を害し、粒食をたちければ、今に八丈島より通便なし、穀種を得ず、今は但《ただ》草糧のみなり、（「無人島談話」）

島民は、島はネズミが異常繁殖して作物を食い荒らし、翌年の種イモも八丈島からの通船がないまま手に入らない、と島の苦しい暮らしぶりを聞かせました。漂流者たちは「伊豆鳥島のせめてもの土産」として大鳥や魚の干物を差し上げました。

火山大爆発に悩む島民

青ケ島は北北西―南南東が三・五キロ、西南西―東北東は二・五キロ、面積五・九平方キロ、最高標高が四二三メートル、面積約六平方キロの小さな島です。火山活動を繰り返す二重式有人火山島でもあります。しかも、海底からの比高が一一〇〇メートルの大きな火山の頂上部が島になっています。

島は太平洋プレートとフィリピン海プレートの境界に位置して火山・地震活動が盛んな所です。特にひどかったのは一七八五（天明五）年四月十八日の大噴火で、島民三百二十七人のうち八丈島への避難が間に合わなかった百三十人余が死亡したと考えられています。

その後、名主の佐々木次郎太夫ら勇気ある男九人だけが四年前に再度の開発の志を持って帰島したそうです。池が壊滅したので、海辺の温泉水を汲み、これを沸かして飲んでいる、と窮状を話しました。また海が荒れて自分たちが入島以来、一番近い八丈島から一度も船は来ていないといいます。再度、開拓のため来島した男たちはネズミの異常発生で農作物をやられて困っていたのです。このネズミの異常発生は『八丈實記　二』によると、「噴火で死んだ者たちの怨霊である」という俗説を生んだということです。

八丈島で取り調べを受ける

青ケ島は荒磯に囲まれて、よほど波が静かな日でないと船を下ろすことができない、といいます。それなら気長に風を待って、海が湖のように凪いだ時、船を下ろせばいい。食料もまだ余裕があります。波の静かな晴れ渡った日はまもなくやってきました。一七九七（寛政九）年七月初旬、水先案内する青ケ島の吉三郎、吉蔵の二人が加わって伊勢丸は島を発ち、同年七月八日、八丈島の西南部の八重根港に到着しました。海岸には「異なる船」を見ようと多くの島人が見物に来ていました。江戸時代の八丈島は、幕府の直轄地で、伊豆国代官所の所管でした。

（八丈島の）大賀《おおが》郷名主・菊池秀右衛門並ニ小役人立合、地役人菊池恒七、同左内、同左平次コレヲ改メ旅宿トシテ百姓平四郎方ニ借宅セリ。（『八丈實記　二』）

一七二六（享保十一）年以降、代官は交代するたびに必ず来島する定めになって、手代（頭に立つ人の代理）は廃止され、祖先代々島で役所の仕事をしてきた地役人と神主が代官に直属して統治していました。住吉丸の四人をはじめ漂流者たちは地役人の詳細な取り調べを受けましたが、取り調べた地役人の人数は『八丈實記　二』は実名で三人ですが、「無人島談話」には奥山左京と服部源五郎の二人も追加しています。船の見取り図も添えられており、二人は見取り図作りをしたのでしょうか。それとも『八丈實記　二』に載っている「小役人」たちでしょうか。その夕刻に漂流民たちは、百姓の平四郎宅に宿泊、久しぶりにご馳走を頂きました。数日かけてさらに取り調べを受けることになりました。その模様を「無人島談話」では、

地官相列《あいつらな》リ、菊池恒七、菊池左内、菊池左平次、奥山左京、服部源五郎なりと云ふ属隷《ぞくれい》（他に支配されていること）、その僉名《せんめい》をしるし、爰書《くちがき》を録し、また同眼《たちあいやく》いでて、載来（持っている）の匠器、雑具、完船を詳録して、その品はしばらく地官にいだしたり、但し布帆を請ひ、僑居《きょうきょ》（仮住い）に就て、各一襲《ひとかさね》の衣を製す、（「無人島談話」）

と、取り調べは聞き書きだけでなく、大工道具や漂流民たちが流木を集めて造船した伊勢丸も詳細に調べて、その図を写し取り、道具一式を没収しています。異国船ではないことが分かり、一人一人に着物を支給し、役所での食事はアシタバ、岩菜（イワタバコの別名の薬用植物）などを麦に混ぜたものが出ました。農家の平四郎宅の宿舎では、久しく口にしなかった精米した米飯を食べましたが、「世に異なるものを食らう」ように思えてお腹の調子が悪くなる者も現れました。

さらに漂流民たちは、「鳥島で非業の死を遂げた住吉丸の惣右衛門ら七柱の遺骨と、鳥島在島中に発見した遺骨二柱の供養がしたい」と地役人に申し述べました。取り調べた結果、漂流民たちが日本人と分かったので、この申し出を快く聞き入れ、宗福寺の墓地に埋葬し、戒名を授け同寺でおごそかな回向《えこう》（死者のために仏事を営み冥福を祈ること）を行いました。

鎖国政策で、キリスト教禁制治世下での取り調べは多岐にわたり、漂流民とはいえど踏み絵を踏ますなど厳しく徹底しており、当初はまるで犯罪者のような扱い。身につけていたものや寄せ木造りの船もすべて没収されました。『八丈實記　二』に記載されている漂流者たちの持ち物や人数は次の通りです（原文のまま）。

持　物

無人島ヨリ乗来ル小船並諸道具荷物改之覚

一、小船　一艘　是ハ無人島ニテ寄木ヲ拾ヒ打立申候

一、艪　五丁　内四丁ハ大坂船ヨリ取上置候一丁ハ薩州船ヨリ取上置候

一、綱　二房　是ハ島ニテイツサキノ木ノ皮ニテ作申候

一、檣《ほばしら》　一本　是ハ島ニテ寄木ヲ取集作立候

一、弥《や》帆《ほ》柱　一本　是ハ島ニテ寄木ニテ栫エ申候

一、細物綱　二房　島ニテ木ノ皮ニテヨリ立申候

一、鉋《かんな》　二枚、鋸《のこ》　一枚、鑿《のみ》　三丁、斧　二挺、山刀包丁　一枚、曲尺　一本、鑢《ならし》折

（チョウナの類）　二本、脇差　一腰　是ハ栫ナシ

右八品ハ国地ヨリ持参の分取上置候品

一、釘抜　一丁、釘メ　一本、釘鑢　一本、鉄鎚　一丁、庖丁　一枚、錐　一本、墨壷

一ツ

右小船並諸道具之分ハ江戸表エ伺ノ上可取計旨申渡候

一、帆四反　是ハ三艘乗ノ者衣類無人島ニテ続候而仕立候処ニ付改ノ上衣類ニ為候
一、鳥ノ干物三俵　是ハ三艘乗船中飯料ニ当無人島ヨリ持参ニ付当島ニテ改ノ上三艘乗エ
相渡申候
一、木綿継々単物　一ツ
一、木綿半天　一ツ
右衣服改ノ上長平江相渡候

半纏《はんてん》など木綿の着物だけは調べた後、土佐の長平に返却したようです。船をはじめ他の持ち物は八丈島預かりか、江戸送りになったようです。

ここに漂流人たちの氏名と漂流期間を記していますので、『八丈實記　二』に記載されたものを原文のまま記述します。

土州鏡郡赤岡浦松屋儀七船
水主　　長平　　（拾三年無人島ニ罷在）
摂州大坂小堀江亀次郎船

沖船頭　儀三郎
親仁　久七
水主　市之丞
久八
清蔵
三之助
松兵衛
吉蔵
半蔵（由蔵？）
（右人九ケ年在島）

薩州志布志浦中山屋三右衛門船
船頭　栄右衛門
親仁　宇助（甚右衛門？）
水主　重次郎

炊　八五郎（右五ケ年在島罷在）

これによると、志布志の住吉丸は鳥島在島五年となっていますが、住吉丸は一七九〇（寛政二）年一月二十九日に伊豆鳥島に漂着しており、正しくは七年五カ月ではないでしょうか。

度重なる尋問

いよいよ漂流者たちは一七九七（寛政九）年九月四日、酉《とり》の刻（午後六時ごろ）、服部源五郎預かりの御用船で地役人の菊池左平次はじめ、付き添いの八丈島大賀郷年寄の勘平ら二十五人が乗り込んで江戸へ向け八丈島を出帆しました。最初は順風でしたが、しばらくすると雨が降り出し、「船は木の葉の風に翻るがごとく」となり、漂流民たちは自分たちの漂流時の実感が再び呼び寄せられ不安でした。丑《うし》の刻（翌日午前二時ごろ）になってようやく風が静かになって進みます。あくる七日朝、南風の順風が吹き、伊豆の国洲崎（静岡県下田市須崎）を過ぎ、夜に浦賀（神奈川県横須賀市）で帆を下ろし、十八日に浦賀の役所で手形を改め、風待ちして二十二日に江戸鉄砲洲の湊に入りました。

江戸に上陸した漂流民たちは伊勢屋荘次郎の「船社《ふなかいしょ》」に滞在し、幕府の尋問《おたずね》を九月二十三、二十四、二十八日と三回も受け、漂流者は何度も同じ質問をされてうんざり、疲れ果てました。さらに勘定奉行・根岸肥前守の前で同じような尋問されること、実に五度もありました。やっと、疑いも晴れました。

長平を除く十三人は伊勢屋で「別れの宴」を開きました。酒を酌み交わした十三人は、誰ともなくうれし泣きをして、宿の者たちの涙を誘いました。長平は食事が口になじまないのか消化不良を起こして宴には欠席しました。

後日談

十月十日にそれぞれの藩の江戸屋敷に身柄を引き渡されました。「勘定奉行から一人一人に綿入れ一枚と帯一筋が下賜された」と吉村昭は小説『漂流』に書いています。

志布志の住吉丸の四人は薩摩屋敷に向かいましたが、薩摩藩主・島津重豪は、

（遭難・帰還の）始終を聴き、艱労を察し、饑寒《きかん》（飢えこごえること）を憐み、恵民慈愛の志、日々に深し、槃《はん》（曽槃）、またその人にあひ、この記をつくるに、皮毛《ひもう》（毛皮）洒々《しゃしゃ》（性質や言動などがさっぱりとしてこだわらない）として、戦慄の思ひにたえず、（「無人島談話」）

と言葉を残しています。藩主が自ら謁見し、無人島で飢えと寒さに耐えて帰国した漂流民をねぎらい、藩お抱えの医者・曽槃に住吉丸の「漂流記」を書かせたといいます。また、住吉丸の舵取り・甚右衛門と同郷の浜崎宗吉という医学生は、江戸で医学を学んでいました。彼はたまたま、故郷で甚右衛門の七回忌を見たことがあったので、生還した甚右衛門に江戸で会った時「生き返った人だ！」と感嘆した、と曽槃は書いています。

住吉丸の四人は、十一月三日帰国のいとまを賜り、藩から半纏《はんてん》をプレゼントされました。さらに国に帰る途中、願ほどきのために伊勢神宮と讃岐の金毘羅宮に参って無事帰還できたことを報告して、心を清めて心から感謝しました。そうして志布志に着いたのは一七九七（寛政九）年十二月七日ごろだったといいます。

志布志の船主・中山三右衛門は住吉丸が遭難し、乗組員は全員死亡したものと信じ、供養のための墓を大慈寺墓地に立てていました（墓はその後の廃仏毀釈もあり現存していません）。一周忌、三周忌、七回忌まで済ませたばかりなので「生還の報」に町中が沸き上がっていました。「三十代の八五郎はともかく、五十代の栄右衛門、重次郎、甚右衛門まで丸々と太っていた」という予想外のこともありました。アホウドリを毎日食したせいでしょうか。

志布志の町の人々も住吉丸が遭難したと信じ、『志布志町誌』には当時はやった「数え唄」が収録されています。

一つとの　人なき島にはなされて
　哀れを人々聞き給へ　話そうかな
二つとの　不思議な風にはなされて
　幾日を辿る波の上　雨風かいな
三つとの　見るにおそろし青海の
　思いの深さはいざ知らず　どうしようかいな
（中略）

八つとの　やさしき人は青ケ島の
　浦よりおくる八丈島　までかいな
九との　今日の日和はさらさと
　おも舵とり舵そりゃいらぬ　神風かいな
十つとの　とやかく小舟を造りたて
　わがふるさとに帆をあげて　帰ろうかいな

船主の中山三右衛門は、観音丸の山下弥三左衛門に勝るとも劣らぬほど仏教の信仰心が強く、住吉丸六人が全員遭難死したものと信じ、その供養をしようと志布志地方の各霊所などに「こぼっさあ」と呼ばれる小さな仏像を立てています。「こぼっさあ」とは高さ三〇～四〇センチほどの小さな弘法大師の座像です。『志布志地方のこぼっさあ』という冊子をまとめた志布志市の馬場興市・馬場実弘氏によると、志布志は社寺などを中心に石像文化が豊かな地区で、「こぼっさあ」もその一つ。志布志の「こぼっさあ」を調査したところ、廃仏毀釈の嵐があったものの、同地に三十四体が現存、確認されています。

そのうち施主・願主が「中山三右衛門」と彫ったと見られるものが二十三体あり、年号も寛政九（一七九七）年と彫られたものも多くあり、中山三右衛門は、遭難したものとして七回忌などの供養を催すと同時に、「こぼっさあ」を志布志三十三ケ所観音のある場所などに立てたようです。中山三右衛門は住吉丸乗組員の霊を弔うとともに、航海安全や商売繁盛などを祈願したのでしょう。

中山三右衛門が各地に立てた「こぼっさあ像」

写真は、志布志町西谷にある志布志十九番札所の「御前の水」の湧水口上の岩上に観音さま（玄瑞観音）と並んで立つ「こぼっさあ」で、台座高さ一〇センチ、座高三四センチ、頭部幅九・五センチの小さな像です。施主は「中山三右エ門」と彫られています。馬場氏が石材店に聞いたところ、現在この像を手彫りで作るとしたら、一体当たり約一週間、金額にして約八万円の経費が必要だと書いています。見つかった中山三右衛門施主の「こぼっさあ」だけでも約二百万円も要することになります。

志布志の栄右衛門らのその後の動向は、まったく記録上不明です。

一方、土佐の長平は十二年四カ月ぶりに無事、故郷の赤岡村（現在の高知県香南市）に帰還しましたが、帰還当日は何と、長平の「十三回忌の最中」だったと伝えられています。村人たちの驚きと喜びは尋常ではなく、その後、長平は「無人島」とあだ名され、六十歳で生涯を終えたようです。長平はアホウドリを糧に生き抜いたので、その恩に報いるためにその後、鳥肉はけっして口にしなかったといいます。高知県香南市の香我美《かがみ》駅前には長平の銅像が立っています。長平の墓は現存しており、香南市の文化財に指定されています。

また、大坂船の三之助は島での生活を話すことなく、姓名を「鳥島鴨助」と名乗ったといいます。

■年表・伊豆鳥島に漂着した日本船

・一六七五（延宝三）年閏四月十一日

幕府の無人島調査船・富国寿丸（五百石積み）、島谷市左衛門ら小笠原諸島へ向かう途中、鳥島を発見、上陸。

・一六八一（延宝九）年一月

土佐国の室津浦船（五人乗り）と上加江浦船（二人乗り）が鳥島に漂着。船を修理し、六月ともに三宅島に帰還。

・一六八四（貞享元）年十月

土佐国の田野浦船（六人乗り）が鳥島に漂着。伝馬船で翌年四月、本土に帰還。

★一六九七（元禄十）年正月六日

志布志浦の弥三右衛門船・観音丸の小廻り船（五反帆）沖船頭・少左衛門ら五人鳥島に漂着。船は大破、伝馬船を修理し、三月遠州に帰還。

・一七二〇（享保五）年正月二十六日

遠州新居浦の筒山五兵衛船・鹿丸の沖船頭・左大夫ら十二人鳥島漂着。在島中に九人死亡。甚八・仁三郎・平三郎ら三人だけが世界最長の無人島在住十九年三カ月で帰還。

・一七三九（元文四）年三月

江戸堀江町の宮本善八船、鳥島漂着。鹿丸の先着者三人とともに八丈島に帰還。

・一七五三（宝暦三）年正月

和泉国箱作村の鍋屋五郎兵衛船、伊勢（または伊豆）沖で遭難、鳥島漂着。五人のうち藤八・幸助の二人が生き残る。

・一七五九（宝暦九）年正月二十一日

和泉国浪有手村の佐市郎船の戎丸（八百石、五人乗り）、遠州灘で遭難、鳥島漂着。藤八・幸助、さらに一月二十二日に鳥島に漂着した土佐藩大宝丸（十八人乗り）の乗組員も救助し、無事だった戎丸で伊豆半島子浦に帰還。

☆一七八五（天明五）年正月

土佐国赤岡浦の松屋儀七船（一一反帆）、鳥島漂着。在島中四人のうち三人が死亡。水主・野村長平が在島十二年四カ月ぶりに後に漂着する大坂船・薩摩船の乗組員とともに手造り船で青ケ島帰還。食料はアホウドリの肉が主食。

☆一七八八（天明八）年二月一日

大坂北堀江の備前屋亀次郎持ち船、二十三反帆（八百五十石積、十一人乗り）沖船頭は儀三郎。九十九里浜沖で遭難し、鳥島に漂着。在島中二人が死亡。九人が土佐の長平・志布志の四人とともに在島九年四ヵ月で青ケ島に帰還。

★一七九〇（寛政二）年正月二十九日

志布志浦の中山三右衛門船住吉丸、十六反帆、六人乗り、沖船頭・栄右衛門、鳥島に漂着。二人が死亡。四人は在島七年五カ月で、土佐の長平及び大坂船の九人と一緒に手造りの小船で青ケ島に帰還。

・一八四一（天保十二）年正月十三日

土佐国宇佐浦の筆之丞漁船（中浜万次郎ら五人）、鳥島漂着。五月、米国捕鯨船に救助され、ハワイへ。

・一八四五（弘化二）年一月

阿波国の天野屋兵右衛門船幸宝丸。鳥島に漂着。米国捕鯨船に救助され、三月浦賀に帰還。

※一八六三（文久三）年三月

捕鯨船一番丸（中浜万次郎船長）が鳥島に寄港。「大日本属島鳥島」の高札を立てる。

・一八六七（慶応三）年五月

紀伊（伊勢）国丹敷浦船、鳥島？に漂着。九人の乗組員のうち、二人が死亡。翌年二月、生存者七人は米国捕鯨船に救助される。小笠原を経由し、ハワイ船で横浜に帰

★一八七〇（明治二）年十一月二十五日　薩摩藩船開運丸が山川港出航、南海で遭難、鳥島に漂着。船頭・富次郎ら翌年二月二十四日、八丈島に帰還。

・一八七七（明治十）年十二月　築後国横須村の野口治作船神通丸、鳥島に漂着。少し前に漂着した和歌山県人と合流。翌年七月、三菱会社の蓬莱丸に救助され、本土に帰還。

※一八八一（明治十四）年十二月　土佐国佐賀浦の三栄丸乗組員が鳥島に上陸し、石碑を残す。

※一八八七（明治二十）年十一月　玉置半右衛門ら鳥島に移住し、アホウドリの羽捕獲。

※一九〇二（明治三十五）年八月　鳥島大噴火。島民百二十五人全員が死亡。

（★印は薩摩藩の船、☆印は住吉丸の乗組員とともに、手造り船で青ケ島に帰還した漂着先住乗組員ら。※は、漂着ではない。小林郁著『鳥島漂着物語―一八世紀庶民の無人島体験』などを参考に作成）

■主な参考文献

・高田衛・原道生責任編集『叢書江戸文庫①漂流奇談集成』国書刊行会、一九九〇年
・石井研堂これくしょん、曽槃著「無人島談話」「鳥島物語」『江戸漂流記総集　第一巻』日本評論社、一九九二年
・石井研堂これくしょん、曽槃著「日州船漂落紀事」『江戸漂流記総集　第一巻』日本評論社、一九九二年
・石井研堂これくしょん、「土州人長平漂流日記」『江戸漂流記総集　第一巻』日本評論社、一九九二年
・近藤富蔵『八丈實記　一』緑地社、一九六四年
・近藤富蔵『八丈實記　二』緑地社、一九六六年
・青木虹二ら編集員『日本庶民生活史料集成　第五巻　漂流』三一書房、一九六八年
・高橋大輔『漂流の島　江戸時代の鳥島漂流民たちを追う』草思社、二〇一六年
・小林　郁『鳥島漂着物語―一八世紀庶民の無人島体験』成山堂書店、二〇〇三年
・吉村　昭『漂流』新潮社、一九七六年
・吉村　昭『破船』二八版、新潮社、二〇〇〇年

・気象庁鳥島クラブ「鳥島」編集委員会『鳥島』刀江書院、一九六四年
・吉村　昭『漂流記の魅力』新潮新書、二〇〇三年
・春名　徹『世界を見てしまった男たち　江戸の異郷体験』ちくま文庫、一九八八年
・河合彦充　現代教養文庫五九八『日本人漂流記』社会思想社、一九六七年
・デフォー、佐山栄太郎訳『ロビンソン・クルーソー　―生涯と冒険』旺文社文庫、一九六七年
・岩尾龍太郎『江戸時代のロビンソン　七つの漂流譚』新潮社、二〇一一年
・石井謙治『図説　和船史話』至誠堂、一九八三年
・ポプラ社、ブックマンズ・ユニオン編集　調べ学習日本の歴史『日本の船の研究』二〇〇一年
・馬場興市・馬場実弘『志布志地方のこぼっさあ』自家本、二〇一六年

あとがき

私の少年時代は『ロビンソン・クルーソー』や『十五少年漂流記』など冒険ものを読みあさり、大学時代には探検部に入り、日本の秘境や離島でのキャンプ生活をする「行動派の青年」でした。社会に出てマスコミに就職した後も、大学の後輩たちに交じって水が一滴もないトカラ列島の最南端・横当島で二週間無人島暮らしを体験し、記者としては同僚が本社や東京支社勤務をめざすのを後目に、希望して地方支局暮らしを続けました。出世からは程遠い無能な記者でした。

退職後は、現役時代の暴飲暴食がたたって肝臓がんや骨折などで病院暮らしの連続。つれ合いに迷惑ばかりかける身になりました。二〇一七年夏ごろからは持病の慢性腎臓病が悪化、年末年始は苦しい入院生活。二月からは人工透析生活になり、昔の行動派の面影はもうどこにもありません。歯ぎしりしきりの毎日です。

透析にも慣れてきた六月ごろ、「このままで人生を終えてなるものか」と日ごろ入手していた漂流記類を読み漁りました。そこに江戸時代に志布志の二船が漂流、伊豆諸島の最南端の無人島・伊豆鳥島に漂着した漂流記があったのです。観音丸の乗組員たちは、仏教の「殺生戒《せっしょうかい》」を忠実に守って、島に無尽蔵にいたアホウドリを決して食しませんでした。「水が一滴もない火山無人島」で〝食料〟になる鳥がいるのに、これに手をつけず殺生しなかった「宗教心の強さ」に敬服しました。また九十三年後に漂着した住吉丸の面々は、先に漂着していた土佐の長平らと協力して気長に流木を拾い、三年がかりで船を造り、一五〇キロほど北の有人島・青ケ島に帰還しています。その「生」への強い執念に、私も「病気に負けてたまるか」と勇気をもらいました。

拙書を書くにあたり、貴重な知恵を授けて下さった志布志の郷土史研究家の米元史郎氏・山畑敏寛氏・馬場興市氏、鹿児島民俗学会の仲間・那加野久廣氏らに大変お世話になりました。貴重な写真を提供いただいた気象庁広報室と、高知県香南市にもお礼を申し上げます。また、いつも小生の拙書出版をご理解され、ご尽力下さった南方新社の向原祥隆社長ら編集に携わる方々にも、衷心から感謝でいっぱいです。ありがとうございました。

平成最後の爽やかな秋空の下　著者

■著者プロフィール

名越　護（なごし・まもる）

1942年奄美大島宇検村生勝生まれ。1965年立命館大学法学部卒、記者として南日本新聞社入社。2003年編集委員で定年退職。鹿児島民俗学会会員。著書に『南島雑話の世界』（南日本新聞開発センター）『奄美の債務奴隷ヤンチュ』『鹿児島藩の廃仏毀釈』『自由人西行』（以上、南方新社）など。『南島植物学、民俗学の泰斗田代安定』（南方新社）で第43回南日本出版文化賞受賞。76歳。

住所：〒890-0032　鹿児島市西陵1丁目24－15

クルーソーを超えた男たち
―流木で帰還船を造った志布志船の漂流譚―

二〇一九年一月二十日　第一刷発行

著　者　名越　護
発行者　向原祥隆
発行所　株式会社 南方新社
〒八九二－〇八七三
鹿児島市下田町二九二－一
電話 〇九九－二四八－五四五五
振替口座 〇二〇七〇－三－二七九二九
URL http://www.nanpou.com/
e-mail info@nanpou.com

印刷・製本　株式会社イースト朝日
定価はカバーに表示しています
乱丁・落丁はお取り替えします
ISBN978-4-86124-393-6　C0023